Y Wraig ar Lan yr Afon

Chwedl

Aled Jones Williams

Argraffiad cyntaf: 2020
ⓗ testun: Aled Jones Williams 2020

Rhif Llyfr Safonol Rhyngwladol:
978-1-84527-786-4

Cyhoeddwyd gyda chymorth Cyngor Llyfrau Cymru

Darlun clawr: Eleri Owen yn seiliedig ar syniad yr awdur
Cynllun clawr: Eleri Owen

Cyhoeddwyd gan Wasg Carreg Gwalch,
12 Iard yr Orsaf, Llanrwst, Dyffryn Conwy, Cymru LL26 0EH.
Ffôn: 01492 642031
lle ar y we: www.carreg-gwalch.cymru

'Ond efallai mai mewn nofelau'n unig y maent felly.'
Y traethydd yn *Stryd y Glep*, Kate Roberts

'I think it is in Macedon where Alexander is porn. I tell you, captain, if you look in the maps of the 'orld, I warrant you sall find, in the comparisons between Macedon and Monmouth, that the situations, look you, is both alike. There is a river in Macedon, and there is also moreover a river at Monmouth: it is called Wye at Monmouth, but it is out of my prains what is the name of the other river. But 'tis all one, 'tis alike as my fingers is to my fingers, and there is salmons in both.'
Fluellen,
***The Life of Henry the Fifth*, 4: Golygfa 7**
William Shakespeare

Y Diwedd

a'r ymgymerwr a'i ddynion yn cael panad a jôc yn y rŵm gefn – mi gwelis i nhw drwy'r ffenasd. Mi drychon arna i a'u gwynebau'n holi: pwy 'di hwn sy' newydd gyrraedd ar gefn moped? A moped fydda nhw wedi ei ddeud, mi wn yn iawn. (Moto-beic-cacwn ydy'n enw i ar moped oherwydd pan oeddwn i'n llai mi oedd sŵn moped – a mi roedd yna fwy ohonyn nhw ar y lôn bryd hynny am ryw reswm – yn debyg i sŵn candryll cacynen y byddai mam wedi ei chornelu ag ymyl tymblyr gwydr ar gornel ffenasd – drwy gydol pob ha', deg, ddwsin ohonyn nhw rhwng Gorffennaf a diwedd Awst – cyn gostwng ymyl y gwydr yn ofalus iawn, iawn ar ben y grydures; y gacynen yn cynddeiriogi fwy-fwy ond yn fwy myngus rhywsut – fel clwad sŵn newid gêr o bell – tu mewn i'r gwydr, a mam wedyn yn sleifio enfilop rhwng paen y ffenasd a cheg y gwydr, troi'r gwydr am i fyny a gosod ei llaw yn ofalus ar yr enfilop, a chario'r cwbl fel petai o'n rhywbeth sanctaidd iawn allan i'r haf chwilboeth, y gacynen yn gryndod yn ei hunman o refru tu mewn i'r glàs, tynnu'r amlen ac ysgwyd y gwydr yn ysgafn i ryddhau'r un cacthiwus. Nid oedd mam yn licio lladd dim byd. Felly reidar moto-beic-cacwn ydw i. A tydw i ddim yn cytuno hefo mam fod lladd i gyd yn ddrwg.) Mi dynnis yr helmet ychydig wedi pasio'r ffenasd, yn gwbod yn iawn ... ac ysgwyd fy ngwallt i ryddid. Eu sbio nhw rŵan yn troi'n rythu ar hogan. Mi o'n i'n teimlo poethder eu llgada nhw ar siâp 'n nhin i yn y trwsus lledar. Mae dynion bob amser yn creu hogan drwy ganolbwyntio eu golygon ar ddarnau penodol ohoni hi. Pen-ôl ddylswn ddeud yn hytrach na penodol. Mi fyddan yn gwisgo eu ffug–urddas yn y munud. Dwi'm yn ama' i mi weld ficar yno hefyd, er mod i 'di deud.

Petai'r ferch oedd newydd ddod oddi ar gefn y moped wedi troi ei phen ychydig bach i'r chwith ac edrych am i fyny i gornel pellaf maes parcio'r amlosgfa fe fyddai wedi gweld y BMW gwyrdd – a'i adnabod, mae'n debyg, oherwydd iddi ei weld, os cofiai, wrth reswm, unwaith neu ddwy o'r blaen – yr unig gar oedd yno hyd yn hyn, yn cuddio rhywsut, ei liw yn cyd-asio â lliwiau'r perthi wrth ei ochr a'r tu ôl iddo, fel y byddai rhywun wrth daro llewc sydyn i'w gyfeiriad yn cael eu darbwyllo mai llwyn arall ydoedd ymhlith llwyni.

'Don't,' meddai gyrrwr y car wrth y wraig oedd yn y sedd wrth ei ochr a hithau wedi tynnu sigarét o baced, y sigarét bron yn ei cheg, bawd ei llaw arall bron a gwasgu botwm y taniwr, 'We just need to see everything. Make sure she's gone. For good. Then we'll all be safe. And you can light up.'

Dilynodd y ddau daith y reidar moped o'i beic ar hyd ymyl y maes parcio am ychydig lathenni cyn mynd i lawr y grisiau, a heibio talcen y swyddfeydd, gan dynnu'r helmed wedi iddi basio'r ail ffenestr ac ysgwyd ei gwallt hirfelyn yn fwriadol er mwyn tynnu sylw ati ei hun teimlai'r wraig â'r sigarét yn dal yn ei llaw fymryn o'i cheg.

'Wasn't she the ingénue?' holodd, 'We waved at each other once, I think.'

'She was,' meddai'r gyrrwr, blaenau bysedd ei law dde yn curo'r olwyn lywio'n ysgafn.

'Don't make that noise,' ebe'r wraig.

'It's not noise, it's a tune,' meddai'r dyn, 'Ten green bottles.'

'Should we have concerns about her?' ebe'r wraig yn gweld y ferch yn agor drws mawr yr amlosgfa.

'No,' meddai'r dyn gan ymestyn yr 'o' â'i anadl.

'There'll be no green bottles hanging on the wall,' ebe'r wraig, 'Is that what you're thinking?'

'Perhaps,' meddai ef.

'By the way,' ebe'r wraig, 'Remember to bring the book of

photographs when you go in. Some of the dates attached to one or two could give the game away. The whole shebang. And that will never do.'

'Never do,' ebe'r dyn.

Er gwaethaf ei faint, yn feddal y caeodd drws yr amlosgfa ei hun y tu ôl iddi, ei sŵn nemor uwch na sŵn cadach yn cael ei dynnu'n araf, garüaidd bron, ar hyd wyneb bwrdd ffrensh polish. Mae popeth mewn amlosgfa yn fwriadol wedi ei feddalu. Oherwydd fod marwolaeth heb ei lastwreiddio â'r meddalwch angenrheidiol hwn yn ormod i neb byw. Rheidrwydd arnom bob amser yw gwneud marwolaeth yn llai nag ydyw. Ei ddiniweitio. Neu mi awn o'n coeau. Y mae hyd yn oed gwadnau esgidiau'r gweithwyr yma yn feddal-feddal.

Â'r meddalwch od 'ma yn clingffilmio ei hun rownd bob dim, dwi'n clwad ogla bloda. Ond bloda rhad. Bloda o gareijis petrol ar gyfar anifyrsyris yr yda chi wedi cofio amdanyn nhw'n sydyn. A bloda Pepco sy' 'di gorod trafeilio, bechod, yr holl ffor' mewn artic o Cenia. A ma'r ogla farnish wedi ei adael gan yr holl eirch mwn bron a chodi cyfog arna i. A dwi'n troi rownd wrth glwad pesychiad y tu ôl i mi. Yno mae'r dyn oedd gynnau'n rhythu arna i – yn glafoeri, oedd mi oedd o. Mae o'n actio'r yndyrtecyr rŵan. Hefo'i dad fûm i'n delio a mi wela i'r tebygrwydd rhyngddo fo a'r hen ddyn. 'Pwy fydd yn talu am y cnebrwn?' mi ofynish iddo fo. 'O!' meddai'r hen ddyn, 'wedi 'i neud yn barod, mechan i. Jentylman a leidi o ffwr'. Cash. Papura twentis fel 'tae nhw newydd ga'l 'i smwddio.' Ohono'n tasgu, y mab o 'mlaen i, mae ogla affdyr shêf. Diwti ffrî, dwi'n 'i ddirnad wrth weld y syntan ar ei wynab o. Dwi'n camu o'r ogla afftyr shêf yn ôl i ogla'r bloda rhad a'r ogla farnish. Sgin marwolaeth na'i osgordd ddim math o dast penderfynaf. Ma'i walld o'n biga' draenog hefo jèl. 'Lam le.

'Chi sy'n deud gair?' mae Paco Rabanne yn ei holi.

'Mi fydda i'n deud mwy nag un,' dwi'n atab, a throi nghlun i'w gyfeiriad o, a'i gwthio am allan rywfaint bach, i'w gyfeiriad o eto, plygu nghefn dwtj am yn ôl, ac yn ffug lafurus dynnu copi o fy nhyrnged – dyna'r gair ia ddim? – o bocad cefn 'y nhrwsus. Mae o'n sbio ar hyn i gyd. Fel oedd o fod 'i neud. Dw inna'n gneud sioe o agor y tudalennau. Mae fynta'n teimlo trwch y papur â'i fys a'i fawd fel petai o'n dyheu am gael teimlo rwbath arall. Mae gin hwn fysidd ar gyfer bob dim. Ar gyfer y byw a'r marw.

'Deng munud o leia yn fa'na,' mae'n 'i ddeud.

'Pum deg pedwar o flynyddoedd yn fa'na,' medda fi'n pwyntio drwy'r drws arall, agored, at y gwacter lle bydd arch yn y munud. '*Catafalque* di'r enw cywir,' dwi'n ychwanegu.

'Sbot on,' medda fo.

'Ond cofiwch,' medda fi, 'hwyrach y bydda i'n penderfynu siarad o'r frest.' A wincio arno fo. Dwi'n gweld y syntan ar ei wyneb o'n dwysáu.

'Slot hannar awr sy' gynno ni,' medda fo'n dŵad allan ohoni, 'A mi fydd y ficar ...'

Dyna pryd welis i'r ficar am y tro cynta' yn geg drws yr offis – a oedd o wedi bod yna o'r cychwyn? – ystum ei wyneb o'n awgrymu fod yna ddocdor anweledig ar ei gwrcwd y tu ôl iddo fo hefo'i fys i fyny 'i ben ôl yn chwilio'n ddeheuig iawn am ei brostet o. Dwi bron a deud: 'Geith hyd iddi toc.' Tydw i ddim yn meddwl i mi erioed feddu ar ddaliadau crefyddol. Fyddwn i ddim yn adnabod daliad crefyddol tasa chi'n 'i ddal o o dan 'n nhrwyn i. Felly dwi'n gorod ail-ddeud: 'Fel dudas i wrth 'ch tad y dydd o'r blaen: dim rigmarôl.'

'Ond ...'

A dw inna'n martjio i mewn i'r gwagle rhyngddo fo a'i un gair o brotest i ddeud:

'Mae hi wedi marw. Ac fel gwyddoch chi'n iawn tasa chi'n gwrando'n astud ar 'ch crebwyll does 'na ddim 'ond' ar ôl marwolaeth.'

Dwi'n gneud ystum 'ta-ta' â fy llaw ar y ficar. Ma fynta'n troi rownd yn ufudd i freuddwydio am fasalîn mae'n debyg.

Ar hynny agorodd y drws a daeth wyneb crwn, pen moel i'r golwg rownd yr ymyl yn gwneud i chi feddwl am un soser wen ar ei phen ei hun ar dreining bord.

'Dwi'n shŵr,' meddai'r newydd-ddyfodiad, 'i mi wneud camgymeriad yn do? Ond cnebrwng Ieuan Humphreys?'

A daeth egwyl i fod rhwng holi'r cwestiwn a disgwyl yr ateb, egwyl a deimlai fel hydion ond a oedd rhywsut yn gydnaws ag awyrgylch amlosgfa; egwyl a deimlai, efallai, fel edrych ar fwg yn codi.

'Hannar dydd mae o,' meddai'r ymgymerwr yn y man, 'Mi welis yr enw a'r amsar ar y rhestr gynna'.'

Daeth llaw i'r fêi a dan yr wyneb yn y drws i arwyddocáu 'Diolch am yr wybodaeth.' Ciliodd yr wyneb a'r llaw yn ôl i weddill y corff cuddiedig tu ôl i'r drws a'i gau.

'Be' haru pobol dwch?' y mae'r ymgymerwr yn ei ddeud.

Amdana i mae o'n deud hyn'na? Ynta am y dyn yn y drws a'i wynab o'n rhyfeddol o debyg i Henry James, yr awdur. Mae gin i gof ardderchog am wynebau llenorion.

Dwi'n camu'n ôl o'r ogla bloda' rhad i ogla'r affdyr shêf.

'Mi a' 'i i isda ta,' dwi'n 'i ddeud.

Mae'r ymgymerwr – dwi flys a gofyn ei enw fo, ond wna i ddim – yn edrach ar ei watj. 'Faint wedi'r ffêc-Rolecs ydy hi?' dwi flys â gofyn. 'Ryw ddeng munud cyn daw'r hers,' medda fo a sbio arna i, yn meddwl mae'n amlwg a wedyn rhoi llais i'w feddwl drwy ddeud: ''Da chi isho cario?'

'Oes!' dwi'n atab heb feddwl am hynny o'r blaen, ac â phendantrwydd. Fuo bron i mi grio a dwi'n troi rownd a mynd i ista. Ar fy mhen fy hun. Oherwydd does 'na neb arall. A be' ydy deng munud mewn lle fel hyn? Be' ydy awr? Mewn lle lle mae pawb a phopeth wedi rhedag allan o amser.

Mae'n siŵr i mi ddarganfod os mai dyna'r gair, yn gynnar yn fy mywyd nad ocddwn i'n perthyn i neb na dim; yn gywirach, na allwn berthyn: roedd rhywbeth yno' i a'm cadwai ar wahân, rhyw ysbryd un droed i mewn a'r llall allan. Rhywun ar y cyrion oeddwn i yn edrych ar bethau'n digwydd yn y canol, weithiau'n mentro – yn aml dros fy mhen a'm clustiau, fel y dywedir – i'r canol hwnnw, ond yn sydyn yn diffygio, neu'n diflasu, neu gael fy llygad-dynnu gan rywbeth arall, wedyn ceisio'r cyrion yn ôl.

Roeddwn fel yna mewn cariad, y troeon y bûm mewn cariad hyd yn hyn. Caru'n angerddol am wythnosau – rhoi'r cwbl – misoedd weithiau, ond yna un bore, un pnawn, canfod rhyw bellhau, rhyw oeri. Rhyw ddiymadferthedd yn dŵad drosta i. Wedi cael digon. 'Laru. Duw a helpo unrhyw un sydd wedi syrthio mewn cariad hefo fi. Bellach dwi'n cadw i mi 'n hun. Hynny'n saffach i bawb. Neb yn cael eu brifo, fel mae erill yn hoff o'i ddeud. Ond y gwir plaen ydy na faliais i am frifo neb erioed. Ond eto fyth, hwyrach, nad oes 'na ddim o hyn yn wir ac mai licio 'i ddeud o ydw i. Gneud allan drwy'r geiriau mod i'n rhywun arall mwy derbyniol – cletach, falla? – i mi fy hun yn fy ngolwg fy hun. Be ydy' gwirionedd ond rhwbath sydd wedi cael ei ddeud drosodd a throsodd. Eniwe.

Dwi'n edrach ar y gwacter petryal lle bydd hi maes o law, a'i chlwad hi'n deud – un o'r pethau rheiny y byddai hi'n 'u deud nhw o dro i dro, pethau yr oedd yn rhaid i chi ofyn o ble 'n hollol y daethon nhw, ac yn bwysicach, pam? Ac a oedda nhw o unrhyw werth ynteu swnio'n dda ar y pryd oedda nhw. – 'Un o fy hoff bethau i yn y byd,' meddai hi un noson, 'ydy gwên y Mona Lisa. Ma'r ddynas yna'n gwbod rhwbath. A tasa ti o'i blaen hi am y milflwydd fasa ti fyth yn cael gwbod be'.' Dw inna'n gwenu i'r gwacter lle bydd hi. Yn y munud.

Egyr y drws. Pesychiad. Wafft egwan o afftyr shêf yn 'y nghyrraedd i. Dwi'n troi. Yno mae Chanel for Men. Dau o'i weision o boptu iddo. Y triawd yn edrach fel rwc a dau bôn ar fwrdd tjès. Y pôns a'r rwc duon, wrth reswm. Dwi'n dalld. Dwi'n codi. Dwi'n mynd atyn nhw. Finna o fewn cyrraedd iddyn nhw mae nhw'n troi mewn cytgord proffesiynol a dyna pryd dwi'n gweld yr arch. Dau bôn arall eisoes yn barod wrth y traed.

Mae rhyw ddealltwriaeth od yn cipio yno i. Er na fûm i erioed mewn cnebrwng o'r blaen – do! Dwi'n deud clwydda, cnebrwng dad, dad-yn-ôl-y-sôn, dad oedd wedi ei edliw i mi gan wahanol rai yn ddigon annymunol ar hyd y blynyddoedd, nid dyn fel y cyfryw ond rhyw fath o achlust mewn siwt-off-ddy-peg, a mam yn deud fora'r cnebrwng ar ôl bod mewn clyma chwithig mewnol am dros wsnos ers iddi glwad am yr hartan mewn hotel yn methu'n glir â phenderfynu be i neud, 'ta mynd ai peidio, fora'r cnebrwng yn mynegi 'da ni'n mynd, ond yn difaru wedyn oherwydd iddi hi gael dyrti lwcs yn meiddio troi fyny i gnebrwng yn y capal, cnebrwng dyn da, gŵr gwell a thad gwell fyth, ond yn sêt gefn odda ni, sêt pechaduriaid, a mam yn crio'n ddistaw bach a thrio cymryd arni nad oedd hi ddim oherwydd mae'n debyg 'i bod hi y funud honno yn clwad rhyw dyner lais yn galw arni hi o flynyddoedd pell yn ôl, yn galw arni hi yn y dirgel rhyw fin nos o Fehefin twym oherwydd diwadd Mawrth ma mhen blwydd i, a dwi'n gafal yn 'i llaw hi a ma hi'n gadal i mi 'neud yn union fel y gadawodd hitha iddo fynta 'neud ar awr wan – dwi rŵan yn reddfol rwsud yn gwbod be' i 'neud wrth weld dau was arall yr ymgymerwr, 'na' i mo'u galw nhw'n pôns tro 'ma, yn mynd at y pen ... ei phen, dwi felly i fod i fynd i'r canol, a ma'r ymgymerwr yn nodio'i ben yn foddhaus arna i oherwydd 'y mod i wedi dalld rhwbath o'r diwadd.

Dwi'n edrach ar ei henw hi ar blât yr arch. Dim snâm. Dim dyddiada'. I be' ma rhywun isho ychwanegiadau o unrhyw fath ar y diwadd. Symyleiddio pethau mae marwolaeth i fod i neud. Dyna'i job o. Hi ddudodd hynny wrtha i?

Oherwydd ongl y goleuni mae darnau bychan, bychan o fetal yn aros yn rhychau'r llythrennau ar ôl yr ysgythru. Petai gin i fagnet mi fyddwn i'n 'u hel nhw at ei gilydd fel byddwn i esdalwm i greu gwallt neu fwstash ar y pennau siapau-wyau ar y cerdyn a oedd yn ddi-ffael hefo'r selecshyn bocs yn bresant bob Dolig. Y Ryshan Sbai oedd fy ffefryn i dwi'n cofio. 'Ta'r Mecsican Bandut oedd o? Dwi'n gweld ôl-bys ar y plât. Mae gin i flys ei rwbio fo o 'na hefo'n llawas. A dwi'n gneud! Drwy yn gynta' hy!-io fy anadl yn siarp ar gornel y plât lle mae'r ôl-bys, a gweld fy anadl poeth ar oerni'r plât yn lledu 'chydig am allan a phylu tamaid bychan o'r lliw aur-ffug, a chrebachu am yn ôl, a wedyn dwi'n rhwbio hefo'n llawas. Wrth godi mhen dwi'n gweld fod y dynion i gyd yn sbio arna i.

'Ffingyrprunt,' dwi'n esbonio.

A ma'r ymgymerwr yn nodio'i ben yn hynod o ddeallus fel petawn i, 'sa chi'n tybio, wedi deud: 'George Sand.' Yda chi'n gorfod practisho bod yn ymgymerwr mewn miryr bob dydd? Fedrwch chi 'mond cydymdeimlo hefo un neu ddau agos atoch chi siŵr, raid chi ffugio'r resd. A mae ffugio di-ffuant hwn yn gysur i lot fawr mwn.

A mi ddechreuodd y comoshwn. A rhoi rwbath arall i'r dynion edrach i'w gyfeiriad. 'Comoshwn' yn air rhy gry'? Ydy debyg, ond mi 'neith y tro. A dwi'n cofio. Sut y bu i mi anghofio? Gobeithio ddim o fwriad.

Clep drws. Sŵn cyflym sodla uchel a sŵn bron-rhedag coesa bychan yn ceisio dal i fyny. Siâp ceg, bron wedi ei ffurfio cyn dyfod i'r fei, 'Sori!' y soshal wyrcyr, siâp ceg 'Traffig ddiawledig' yn sydyn wedyn ar gwt siâp ceg y 'Sori!', ei llaw yn tynnu Myrr Alaw ar ei hôl.

Mae Myrr Alaw yn 'y ngweld i ac yn rhyddhau ei hun, a gneud bi-lain amdana i. Dwi'n g'neud hannar cylch â mys er mwyn deud wrthi hi am ddŵad rownd yr arch. Ond dwi'n rhy hwyr oherwydd o dan yr arch a rhwng y troli a choesa'r dynion yn y traed y mae hi'n dŵad gan gerddad ar 'i phedwar, 'i thin yn yr awyr. A siâp ceg 'Sori!' eto gan y soshal wyrcyr. Tursia'i gwynab hi'n dynwarad rhyw lun ar edifeirwch ar yr un pryd. Dw inna'n chwifio'n llaw arni fel petawn i'n clirio angar o ffenasd anweledig o mlaen i. 'Ma'n iawn siŵr,' ma'n llaw i yn ei ddeud a crychu'n nhrwyn 'run adag i fynegi: 'Witjiwch befo.' Dwi'n troi i edrach ar Myrr Alaw sydd rŵan wrth yn ochor i ac yn codi ei bys yn araf am i fyny i gyffwrdd ei gwefusau sydd wedi eu gwthio am allan yn geg sws. Mi fydd raid i mi 'neud yr un peth iddi hi. Dyna ydw yn 'i neud y munud 'ma. A dwy yn fa'ma, felly, yn dalld 'i gilydd yn iawn. Ma'r soshal wyrcyr yn gneud siâp ceg: 'Mi â' i aros i'r car,' a llywio car nad ydyo'n bod â'i dwy law fel ilustreshyn. Ond yn ei llais nawmlwydd oed mae Myrr Alaw yn cyfieithu dros bob man: 'Ma hi'n mynd i'r car i siarad hefo Roj ar 'i mobail oherwydd ma' hi di ca'l ffrae hefo fo nithiwr eto oherwydd fod o di rhoid sdîd iddi hi a mi odd hi'n gorod cuddiad y brŵs hefo meicyp a dyna pam da ni'n hwyr.' Mae'r soshal wyrcyr yn codi ei dwy law fel petai hi'n dynwarad angel i arwyddocáu 'pidiwch â choelio gair ma hi'n 'i ddeud' a ffugio gwên. Allan â hi. Pesycha'r ymgymerwr. Mae o'n nodio arno ni, sbio, a throi mewn un symudiad deheuig ar sodlau ei esgidiau sgleiniog i wynebu'r tu blaen gwag. Dwi'n cymryd llaw Myrr Alaw, 'n llaw arall i ar gaead yr arch. Dwi'n teimlo'r symudiad am ymlaen. A meddalwch y mynd.

Ma'r miwsig yn dechra. Ond 'i ddeud o ran 'myrraeth nes i. 'Don i ddim o ddifri yn disgwyl i neb chwara' *A Whiter Shade of Pale*. Oeddwn i? *Skip a live fandango* amdani ta.

Ac mewn dau dro *as the ceiling flew away* 'da ni yna a'r arch ar y *catafalque*. Be' rŵan? Y dynion o boptu'r arch, eu pennau am i lawr, eu dwy law ar eu gwendid fel petae nhw'n dynwarad ffwtbolyrs o flaen gôl a ffri-cic ar fin digwydd. Be rŵan? Dwi'n ca'l dos o'r affdyr shêf yn dŵad o'r tu cefn i mi. Aros i'r gân wirion 'ma orffan 'ta be? *She said there was no reason*. A ma' Myrr Alaw yn gollwng 'n llaw i ac yn mynd i'w phocad a thynnu allan ddarn o bapur, a'i dynnu o o'i blygion, a dangos llun y bydji i mi, a dwi'n cofio'n iawn, a gwenu ac ysgwyd 'y mhen i ddeud 'i fod o'n oce iddi roid o ar yr arch. A'i dwy benglin hi ar y *catafalque*, a dw inna'n cofio o rwla pell y gair Cymraeg 'elor', mae hi'n gwthio'r llun ar hyd caead yr arch, ac fel ma'r llun yn cael ei wthio'n slô bach gan law fechan i gyfeiriad y plât dw inna'n darllen yr enw Rachel arno fo. Fa'ma? mae edrychiad Myrr Alaw yn ei holi a dwi'n codi mawd. A ma'r gân yn diffodd, nid yn gorffan ond yn diffodd, a mae'n ysgwydd i'n teimlo llaw yr ymgymerwr arni, a mae o'n mynd â Myrr Alaw a fi i'n llefydd.

Does 'na run ohono ni'n bod os nad oes 'na riwin arall o'n blaena ni yn deud rwbath wrtha ni a ninnau'n deud rwbath yn ôl. A dyom otj rwsud be' 'da ni'n 'i ddeud. Mond 'n bod ni'n deud rwbath. A phan nad oes yna neb yna i ddeud dim, 'da' chitha'n ddim hefyd ac yn neb. 'Da ni wastad ar bontydd geiria yn mynd i gyfeiriad 'n gilydd. Distawrwydd hollol ydy marwolaeth. Hi ddudodd hynny? Ta jysd wedi meddwl hynny ydw i rŵan? Mae Myrr Alaw yn closio ata i. Diolch am hynny.

Be' sydd i fod i ddigwydd rŵan?

Dwi'n hannar sbio ar Myrr Alaw. A hitha'n hannar sbio arna i.

Mae'r drws yn agor a 'da ni'n clwad sŵn traed prysur, penderfynol yn dynesu. Daw dyn bychan i'r fei. Côt ddu, dynn amdano. Het be-chi'n-galw fel un y ditectif hwnnw yn y ffilm 'na am 'i ben o. Mae Myrr Alaw yn tynnu yn 'n llawas i. Ond dwi wedi gweld. Mae o'n mynd at yr arch. Mae o'n gwyro nes bod 'i ên o bron yn cyffwrdd y caead. Mae o'n codi 'i ben yn sydyn gan edrach i nghyfeiriad i a Myrr Alaw. Mae o'n agor ei geg yn fawr, ac o fa'ma mi fedra i daeru nad oes ganddo fo dafod. Hynny mae o am i mi weld, nad oes ganddo fo dafod? Mond yr ogof gochddu. Mae o'n mynd allan yn fân ac yn fuan. Dynnodd o mo'i het. Doedd ganddo fo ddim parch, felly. Dim o gwbwl. A ma'r enw'n dŵad i mi: het-porc-pei. Mae'r sgriffiadau ar 'y mraich i'n dechra' cosi'n uffernol. Arwydd o fendio ma' raid. Ma'r distawrwydd yn llethol.

Pesychiad o du'r ymgymerwr.

Ciw i mi ydy hynny?

Dwi'n codi a mynd at yr astell ddarllen.

Mae Myrr Alaw yn mynnu dŵad hefo fi.

'Mond ni'n dwy felly.

Y Dechreuad

'Hei! be' da chi'n 'i neud, os gwelwch chi'n dda?' dwi'n clwad 'n
hun yn ei ddeud y gwyliau haf yr haf hwnnw yr oeddwn i'n
gweithio yn y llyfrgell ac wedi derbyn complênts gan
ddarllenwyr thrulyrs. Mi gedwais lusd. A dyma hi yn fy llaw i
eto. Wedi dod o hyd iddi hi wrth fynd drwy'i phetha hi pnawn
'ma. Mi cadwodd hi felly. 'Swfyniyr i chi, ylwch,' a dwi'n rhoid
y lusd iddi hi. A ma hi'n darllan yn uchel:

Newbold's Revenge: Abel Blythe
(tud.703-4 ar goll)
Prayers for the Visitors: Peter K. Consetti
(tud. 502-3 ar goll)
The Eternal Screams: Byron Houtris
(tud. 498-9 ar goll)
The Quotidian Deaths: J. Sandford Middleman
(tud. 639-40 ar goll)
Cousin Babbage: T. Matthews Short
(tud. 406-7 ar goll)
Chwedl Protheroe Dic: Tywi D.M. Roberts
(tud. 172-3 ar goll)

'Sori!' meddai hi'n llawn coegni a 'da ni'n dwy'n chwerthin i'n
gilydd fel bydda ni erbyn hynny.
    'Hei! be' da chi'n 'i neud, os gwelwch yn dda,' meddwn i yn
y man wrth y ddynas ger y shilffoedd thrulyrs yr oeddwn i wedi
bod yn sbecian arni tro 'ma – oherwydd ro'n i wedi bod yn ei

hamau hi y tro dwutha a'r tro cynt – yn dal llyfr agored tua'i ddiwedd yn dynn yn erbyn ei bol, gan dynnu yn ofalus â'i llaw arall sgalpel ar hyd y dudalen ger y meingefn, rhyddhau'r dudalen o weddill y llyfr, ei phlygu'n ddwy, ei stwffio i'w phoced, a rhoi'r llyfr yn ôl ar y silff.

"Lam beth dan din i neud,' meddwn i'n foesol i gyd.

'Mae o dydi,' medda hi a dechra chwerthin.

A mi ddechreuais inna chwerthin hefyd oherwydd ma 'na ran ohono inna, mi wn yn iawn, sydd wrth ei bodd yn sbwylio petha i bobol erill. Mae'n debyg i ni'n dwy adnabod rhywbeth yn ein gilydd y bore hwnnw. Ac mai dyna pam y rhois i'r lusd iddi hi maes o law fel swfyniyr o'r cyd-adnabod hwnnw.

'Be' ydy'ch enw chi, os gwelwch yn dda?' meddwn i yn meddwl y dylwn i ddifrifoli. Roeddwn i'n parchu llyfrau.

'Ww!' medda hi, 'ond chi gynta,' ac yn chwifio'r sgalpel o 'mlaen i, y blêd mi welwn mor dena ac mor llachar ag aden gwas y neidar.

'Bob dim yn iawn yn fa'na,' medda'r llyfrgellydd oedd yn pasio, ac wedi'n gweld ni, a throi'n ôl i ddiwallu twtj o amheuaeth mwn.

A dyma'r lleidr-peijis yn gostwng 'i llaw yn ara' bach am i lawr i guddio'r sgalpel yn nefnydd ei sgert, ei golygon arna i yn deud: 'Dyma dy gyfla di i neud dy farc.'

Aeth digon o amser heibio, mater o eiliadau ydoedd mewn gwirionedd ond yr oedd yn ddigon, a finna wedi deud dim iddi hi gael gwbod nad oedd deud y gwir yn flaenoriaeth gin i y bore hwnnw, os o gwbwl. Hwyrach i minna' yn y fan a'r lle sylweddoli mai perthynas ddigon llac a fu erioed rhyngddo i ag unrhyw wirionedd. Tybed? Felly hi atebodd: 'Gormod o ddewis i un. Mae angen dwy i benderfynu. Ma'r hogan bach 'ma'n help garw.' Gwenodd y llyfrgellydd arni ond meddai wrtha i: 'Dos drw'r tudalenna' ola', Egwyl, cyn ti stampio. Mi wyddosd be' sgin i. Mi fydda i'n y Spiritiwaliti a Selff Help os byddi di f'isio i.' A ffwrdd â hi.

'Egwyl, ia?' meddai'r wraig yn gwyro i roi'r sgalpel yn ei bag, 'Tlws.'

Mi oeddwn i'n teimlo mor flin, oherwydd fe gafodd y gora' arna' i.

'Be' ydy'ch enw chi ta?' meddwn i'n ddigon siort.

Edrychodd arna i. Fedrwn i ddim peidio meddwl fod rhyw adio a thynnu i ffwrdd yn digwydd tu mewn i'w hedrychiad hi. 'Galwch fi'n ...,' fel petai hi'n tynnu un enw oddi ar silff o enwau posibl, 'Galwch fi'n ...,' oedodd i roi'r enw'n ôl ar y silff a dewis un arall o silff wahanol, 'Galwch fi'n Rachel.' A chododd ei haeliau. Derbyniais i'r enw.

'Wel, Rachel,' meddwn i'n hunan-feddiannol yn ôl, 'yda chi am lyfr?'

'Brenin bach nacdw,' medda hi'n llithro ewin ei bys bach ar hyd y meingefnau, 'siarad ar eu cyfer mae rhein i gyd. Wyddo' nhw ddim byd.' A mi gododd 'i bag a mynd am allan.

Ar y pryd deimlis i hyn, ynta' wrth edrach am yn ôl yr ydw i yn ei deimlo fo, wn i ddim, ond amddifadrwydd ydy'r teimlad. A grym rhai pobol na wyddoch chi fawr ddim amdanyn nhw, ac mae'n debyg mai yn yr anwybodaeth angenrheidiol hwnnw y mae'r gyfrinach, i fedru meddiannu'r cwbwl ohonoch chi, a chitha'n ildio i'w meddiant. Gofynnwch chi i unrhyw un sydd wedi bod mewn perthynas am dros igian mlynedd be' 'sa ora' ganddyn nhw: anwybodaeth y misoedd cynnar, cynhyrfus, ynta' gwbod-y-cwbwl difäol eu presennol diflas? Gofynnwch. O flaen y thrulyrs yr oeddwn i'n teimlo'n hollol amddifad. Yr oeddwn i'n dyheu am gael gweld Rachel – Rachel? Eto.

Y pnawn 'ma yn mynd trwy'i phetha hi mi 'rydw i yn gosod y rhestr, y lusd, o'r llyfrau a'u tudalennau coll ar gaead y piano. 'Swfyniyr i chi,' dwi'n 'i ddeud eto.

●

Yna peidiodd sŵn y piano. Sŵn piano gwers gyntaf.

Yr oedd hi wedi clywed unsain mudl si drosodd a throsodd

wrth gerdded ar hyd y llwybr o'r giât i'r tŷ; a medrai ddweud yn iawn pa un oedd mudl si ei mam a pha un oedd mudl si yr un yr oedd y piano y funud hon yn ddychryn pur o'i blaen.

Ond yr hyn na chlywodd ydoedd yr atebion a roddodd ei mam i'r cwestiynau a ofynnwyd iddi gan ei disgybl newydd: 'Oes, un hogan'; 'Egwyl'; 'Genedigaeth hir a thrafferthus braidd, a finna ar ben 'n hun, a phan ddaeth hi o'r diwadd, a'r rhyddhad ar ôl y gas-an-êr, mi drychis arni a deud, Wel! ar ôl egwyl rhy hir o lawar dyma ti. A dyna hefyd fydd dy enw di. Er i sawl un ddeud, gan gynnwys hi ei hun, mod i wedi defnyddio'r gair *Egwyl* yn anghywir. Ond dyna chi sut gafodd hi ei henw;' 'Yn y llyfrgell dros yr ha'. 'Newydd orffen ei chwrs M.A.'

'Dyma hi Egwyl,' medda mam a finna' wedi piciad 'y mhen rownd drws y parlwr 'mond i ddeud helo, a bod yn glên, ond er mwyn gwbod pwy oedd 'na deud y gwir.

'Dda gin i'ch cwarfod chi, Egwyl,' medda'r wraig wrth y piano gan droi 'i phen rownd i ddangos wyneb Rachel.

Edrychodd arna' i â'r un edrychiad honno yr edrychodd arna' i yn y llyfrgell wsnos yn ôl yn fy nghymell i, a'n niffeio fi ar yr un pryd, i ddeud wrth mam ein bod ni'n dwy wedi cwarfod o'r blaen. Mae hi'n taflu dewis i nghyfeiriad i. Ond rhyw *helo* digon swta yr ydw i'n penderfynu ei ddeud.

'Gweld,' meddai Rachel, ac wrtha i ma hi'n deud hyn, 'hysbyseb yn y llyfrgell' – a mae hi ar y gair yn agor ei llgada'n fawr – 'am wersi piano wnes i ...'

'A finna' newydd ddeud wrth Rachel,' ma' mam yn 'i ddeud yn torri ar ei thraws, 'dy fod ti 'di cymryd blwyddyn allan cyn mentro ar dy pi-heitj-di a dy fod ti'n gwithio dros yr ha' yn y llyfrgell er mwyn ...' a ma'r geiniog yn disgyn i mam, 'rhyfadd na fydda chi'ch dwy wedi dŵad ar draws 'ch gilydd 'ntê?'

Mae Rachel yn gwenu i nghyfeiriad i cystal â deud: 'Ty'd allan o hyn'na,' yn gwbod ar yr un pryd, mae'n debyg, ei bod hi'n rhy hwyr bellach i mi ddeud y gwir wrth mam – gan mai'r gwahaniaeth penna' rhwng y gwir a chelwydd ydy'r oedi tu mewn i amser – a heb greu yn mam rhyw flas drwg yn ei cheg hi a fyddai'n cwestiynu pam y bu i mi wadu'r adnabyddiaeth yn y lle cynta', a hynny'n medru arwain wedyn, efallai, i godi crachod pethau eraill. Roedd rhywbeth eisoes wedi mynd yn rhy bell a'i gwneud hi'n anos i fynd yn ôl i rywle y dylswn, efallai, fynd yn ôl iddo pe medrwn. A rhywbeth nad ydoedd, i ddeud y gwir, nac-yma-nac-acw ar y cychwyn yn dechrau magu traed a magu rhyw nerth nad oedd, efallai, mor ddiniwed â hynny.

'Anodd cofio wyneb pawb,' dwi'n 'i ddeud yn henaidd, yn defnyddio ymadrodd llawer hŷn na f'oed, a mam yn cuchio i nghyfeiriad i i fynegi'n ddi-eiriau: 'Faint sy'n defnyddio'r tipyn llyfrgell 'na felly, y mae'r cyngor yn bygwth ei chau hi, fel nad wyt ti'n medru cofio wyneb gwraig mor ddeniadol â hon?'

Mae edrychiad Rachel yn gadael i mi wbod nad oedd hi'n meddwl llawer o fy ymateb, a chan godi ei haeliau fymryn mae hi'n deud:

'Wedi bod isho dysgu canu'r piano 'rioed. Ac wedi methu magu'r plwc. A phan welis i'r hysbyseb a finna mewn lle newydd, amdani! medda fi wrtha fi'n hun. Ac nid Egwyl oedd wrth y ddesg pan ofynnis am gael benthyg beiro i sgwennu'r rhif ffôn.'

Dwi'n teimlo rhyddhad mawr, fel petai perthynas, simsan beth bynnag, mam a fi wedi ei harbed a'i hadfer. Ond dwi'n gwbod ar yr un pryd mai dim ond megis dechra' y mae mherthynas i a Rachel. Er drwg neu er gwaeth. Er da neu er gwell. Mae rhywbeth eisoes wedi mynd o ngafael. Fel hyn ma' petha? Dwi'n llawn o rwbath. Ydy o'n chwilfrydedd? Ydy o'n ofn dengar? Ydy o'n be-chi'n-galw?

'Fel o'n i'n deud wrtha chi,' ma' mam yn ei ddeud wrth Rachel gan barhau sgwrs â hi nad oeddwn i wedi bod yn rhan ohoni a ngadael i o'u blaena nhw i sbio fel rhywun amddifad, 'mi fydda i wedi ca'l y llyfr sgêls arall yn ôl fory. 'I fenthyg o ma'r hogan fach 'di ga'l. Mi cewch chi o pan ddowch chi nesa'. Ddowch chi'n dowch? Mae o yno chi, chi.'

'Os na fydda Egwyl yn licio piciad hefo fo draw,' ma Rachel

yn ei ddeud, 'tydw i ddim yn bell. Mi guthwn bractisho wedyn. Dwi meddwl mod i wedi cael y jist.'

'Fydda ti, Egwyl?' ma mam yn 'i holi.

Be fedra' i atab ond iawn fo fi?

A Rachel yn gwenu arna i y wên garedica' erioed.

Dwi heno yn ei thŷ gwag hebddi hi yn agor caead y Bechstein. Si meijyr dwi'n 'i ddeud. A mysidd i'n ffendio'r cordiau'n rhwydd.

'Ma'r tŷ 'na 'di bod yn wag ers blynyddoedd. Os medrwch chi alw fo'n dŷ. Cwt sinc ar lan 'rafon. Lle i botjars guddiad.'

Amrywiaeth ar hynny a ddywedwyd gan sawl un am Tŷ Coch, fel y galwodd hi ef, yn y man, pan glywyd fod 'rhywun diarth' wedi symud i mewn.

'Faint dalodd o?' oedd y cwestiwn mawr. A'r 'rhywun' bellach wedi magu amlinell: fo. Amlinell a lanwyd gan 'enjiniyr o Rygbi' a'r amrywiaeth: 'Ti'n rong yn fa'na. Artjitec o Cyfantri glwas i o le da.' Ac amrywiaeth arall: 'Gôli i un o'r tîms mawr 'na odd di methu ca'l lle'n Abarsoch a 'di ffansio hwn er mwyn ca'l i dynnu o lawr ag osgoi planing a rhyw gildwrn yn y law iawn.' Ac yn ôl wedyn, wrth reswm, i'r 'faint dalodd o?' Nid oedd neb yn fodlon coelio'r 'celwydd noeth' am y 'wan point tw mulion,' ond roedd pawb wedi gwaredu y byddai unrhyw un yn fodlon talu 'tw ffiffdi cê, ffacd i chi' am gwt sinc ymhle yn. ddiweddar yr oedd y 'bobol ifanc 'ma' wedi bod yn 'be-newch-chi-de' ar lan 'r afon. Wedi'r cyfan 'ma'r lle'n disgyn i ddarna'.'

Agoriad llygaid ydoedd felly pan gerddodd gwraig i mewn i Siop Pritchard Bach – gwraig yn 'y ffiffdis 'ma' yn ôl Pritchard Bach – i holi am adeiladwyr lleol, ac a fedra fo argymell rhywun? A'i bod hi wedi gofyn hyn yn Gymraeg o bob iaith.

Ond nid oedd Pritchard Bach yn meddwl fod 'Nid yn rhy bell' yn ateb digon da i'w gwestiwn ''Da chi wedi dŵad o bell?' Ac nad oedd 'Sbel yn ôl' ychwaith yn eglurhad digonol o gwbl i'w holiad digon teg a rhesymol: 'Mae'n siŵr fod ganddo chi gysylltiadau hefo'r ardal?' Mae'n debyg mai oherwydd hynny – a phethau eraill cyffelyb, rhaid addef – y daethpwyd i wybod mai 'hen ddiforsî o'r Wural' oedd hi, a 'hen drwyn diawl,' ac yn amlwg wedi dysgu Cymraeg i'n 'hwdwincio ni,' a'i 'hacsent hi i gyd yn rong.' A'r ffaith fwyaf ohonynt i gyd, wrth gwrs oedd y ffaith ddiymwâd un nos Wener: 'Gneud chi feddwl, dydi, pa fath o ddynas sy'n gorod byw ar 'i phen 'i hun mewn cyfnos parhaol ar lan 'rafon mewn cwt sinc?' Ar yr un adeg â'i gilydd rhoddodd y llymeitiwyr eu peintiau i lawr ar y bar gwlyb, edrych mewn cytgord i gyfeiriad yr un a ddywedodd y gwirionedd hwn, nodio eu pennau mewn cyd-ddealltwriaeth oherwydd eu bod hwythau, pob un ohonynt, wedi meddwl hynny ac wedi dod i'r un casgliad yn union. 'Hen ferchaid fela, ych!' meddai un ohonynt yn y man. A chodwyd y peintiau yn ôl i'r gweflau.

Desperado a dau o'i feibion – un ohonynt o'i briodas, hyd yn oed – a ddewiswyd gan Rachel i atgyweirio Tŷ Coch. Desperado, mae'n debyg, oedd yr unig un a oedd yn fodlon ·derbyn arian parod. Fel y dywedodd ef o'r cysgodion o dan ei stetsyn: 'VAT? Be' ydy' hwnnw dwch?' Ond nid am y VAT yr oedd Rachel yn poeni, wrth gwrs.

'Hyn rhyngddo ni Mr ... Oherwydd tydw i ddim isho clwad eto ffeithiau anghywir amdana i yn dod yn ôl i nghyfeiriad i o du'r Fic a'r siop a llefydd erill. Ydy hynny'n glir Mr ...'

'Wyatt,' meddai ef, 'fel yn Wyatt Earp. Wir dduw. No mesing. No ciding. Jocs a-said. Nhad o Rothyrham. Ddaeth yma i withio ar y peilons yn y sicstis. Mi adawodd fi a'i snâm ar 'i ôl i mam. Ond Desperado ma' pawb yn 'y ngalw fi. Felly os da chi ddim yn meindio gneud yr un peth. A dwi'n addo efrithing bitwin ys de.'

Cododd ei ben i edrych arni. Ei dafod o'i geg yn cylchu ei wefusau. Bys ei law yn chwarae'n ysgafn ar hyd ffrils ei siaced Deifi Crocet fudur.

'Efrithing bitwin ys,' meddai eto yn brathu ei wefus.

Yn y blynyddoedd a fu, yr oedd yn arferiad gan Rachel cyn cyfarfod rhai math arbennig o ddynion glymu dau o fysedd ei llaw chwith â'i gilydd ag elastoplast a wedyn yn yr agen rhwng y bysedd osod hanner llafn rasel Gillette. Yr oedd wedi ei harfogi fel yna heddiw hefyd. Mae'n debyg ei bod yn anodd hyd yn oed yn ei bywyd newydd newid arferion oes.

'Old habits, eh?' fel y dywedodd wrth ei phennaeth yn yr adran cyn iddi hedfan i M_____ y tro olaf hwnnw ac yntau wedi iddo weld cynnwys ei chês a'i siarsio â'r geiriau: 'These for the diplomatic bag, don't you think?'

Ond heddiw, penderfynodd ddweud yn blaen wrth Desperado i arbed unrhyw drafferth iddo ef yn bennaf:

'Gwrandwch, Desperado,' meddai wrtho, 'dwi 'di rhoi'r gora i agor 'y nghoesa i ddynion.'

'Arglwydd mawr. Iesu. Do'n 'am. Fyswn 'im. Grist o'r nef,' glywodd hi'n tasgu o'r dyn o'i blaen ac yntau'n camu am yn ôl i le priodol gan daro braich cadair wrth wneud, a hynny'n ei hyrddio am ymlaen yn ôl i'r lle y daeth ohono, gan beri iddo chwifio ei freichiau i geisio sadio ei hun fel petai o'n dynwared melin wynt o'i cho'.

'Job 'di job,' meddai o, ei freichiau yn dyfod i le o orffwys.

'Dyna'n hollol roeddwn i'n 'i feddwl,' ebe hi, 'rŵan ta, gowch mi ddeud wrtha chi be'n union ydw i isho i ddigwydd yn fa'ma. Mi awn ni rownd y tŷ, ia?'

'Mi fydd raid ripleisio riwfaint o'r coriwgeited aiyrn ar y tu allan,' meddai ef yn achub y blaen.

'Bydd,' ebe hi, 'ac mi fedrwch?'

'Medraf,' atebodd.

Er ei be'-chi'n-galw o dro i dro rownd y lle, a llai rŵan, wrth reswm, ag yntau'n hŷn, fe wyddai ei waith.

'Sa letrig yma?' meddai'n edrych o'i gwmpas ac i adfeddiannu ei hyder, i deimlo'i hun yn ddyn eto, oherwydd cwestiwn dyn go-iawn oedd cwestiwn am letrig.

'Mi fydd o 'fory 'mlaen,' ebe hi.

'Ond fyddwch chi ddim yn talu cash in hand i rheiny decin i!'

'Wil i'w wely! Dowch 'mi ddangos lle rydw i isho'r partishons a'r shilffoedd.'

'Cyn hynny,' ebe Desperado, 'mi fyddai'n well i ni ddechra

hefo'r lloria'. A chyn hynny hyd yn oed drefnu sgip. Dair ohonyn nhw,' yn edrych o'i gwmpas, 'mi gymar hyn o leia dri mis y'chi er mai dim ond cwt sinc ydy o.'

A difarodd ar ei union feiddio dweud 'cwt sinc'. 'A thra byddwn ni wrthi, lle fyddwch chi?' tynnodd ei hun o dwll gyda be' deimlai fel consýrn.

'Fa'ma,' ebe hi'n llawn afiaith, 'tent ylwch.'

Yno drwy'r drws ar y llawr lle bu – ac a fydd! – gegin, dangosodd babell oren iddo.

'Da chi ddim yn cysgu'n fa'na?' holodd Desperado rywle rhwng rhyfeddod ac edmygedd.

'Pris bod yn fi, Mr Wyatt-Desperado, mae'n ddrwg gen i – ydy na fedra i fforddio cysgu am yn rhy hir yn unman.'

Hyd y gwyddai unrhyw un, dyma'r oll o gyffes a gafwyd gan Rachel erioed.

'Myms ddy wyrd,' meddai Desperado, 'ddaw 'na'r un ebwch ohono i' – a theimlodd bellach yn hy – 'Rachel,' mentrodd.

Ynganodd ei henw drwy'r ynganiad Saesneg ohono.

'Naci, naci,' cywirodd hi ef, 'nid y *tj* Saesneg, ond yr *ech* Gymraeg. Ra-ch-el. Fel petae chi'n trio fflemio. Yn trio ca'l gwarad ar rwbath. Y sŵn hwnnw.'

Edrychodd y ddau ar ei gilydd. Gwenodd hithau arno yn y man.

'Da chi 'di bnafyd 'ch bys,' meddai ef yn gwyro cantel ei stetsyn i gyfeiriad yr elastoplast ar ei bysedd.

'Do. Wrth siafio.'

Yn reddfol llithrodd ei dafod ar hyd ei wefus.

'Tecnicaliti bach,' meddai yn dychwelyd o flysau byrhoedlog bellach ei ddychymyg treuliedig, 'cash fflo problem yn y busnas ar hyn o bryd. Ac angan prynu petha in adfans.'

'Roswch fa'ma,' ebe Rachel yn mynd i gyfeiriad y babell.

Ar ei phedwar ar lawr gwthiodd Rachel hanner ohoni ei hun i mewn i'r babell.

Gwelodd Desperado y defnydd yn poncio hwnt ac yma a thywyllu'r lliw oren yn oren tywyllach wrth i'w dwylo o'r tu mewn symud pethau a tharo'r ochrau, ond ei phen ôl, gron fel glôb, yn llenwi mynedfa'r babell a aeth â'i fryd nes peri iddo holi ei hun: 'faint 'di oed hon go iawn, dybad?'

A thra roedd ef yn dyfalu ei hoed o'i siâp, ail-ymddangosodd Rachel o'i flaen yn chwifio bwndel o bapurau ugain o dan ei drwyn.

'Mil,' meddai wrtho.

'Well mi cyfri nhw fel na fydd 'na unrhyw duscrepansis ddydd a ddaw.'

'Peidiwch â meiddio,' ebe hi.

Cododd yntau ei ddwylo fel dyn drwg wedi ei ddal mewn Wesdyn yn Oce Coral ei hedrychiad milain arno.

'Sori,' meddai ef.

Trodd ei olygon oddi wrthi ac i gyfeiriad yr hen soffa yn y gornel bellaf, wedi colli ei lliw ac yn staens i gyd. Roedd pobl yn dŵad i fa'ma i garu'n slei fe wyddai'n iawn. O leiaf dyna a ddywedwyd wrtho.

'Mi fyddwn yma fore Llun,' meddai'n troi'n ôl ati, 'mi gewch job dda 'chi.'

'O! dwi'n gwbod,' ebe hi, 'gobeithio'n wir na fydda i ddim dan draed.'

Penderfynodd Desperado ddweud dim.

'Wel?' meddai hi wrtha i y tro cynta' hwnnw i mi gamu dros riniog Tŷ Coch, y llyfr sgêls yn 'n llaw i, 'Be' da chi'n feddwl?'

A mi 'gorodd 'i breichia' led y pen a mwy a gneud rhyw fath o birowet i ddangos yr ystafell orlawn hon i mi.

'Dwi mynd i jympio,' meddai Myrr Alaw yn sefyll ar ganol wal y bont yn sbio i'r afon – roedd pawb bellach wedi dygymod â'i harferiad o 'chwara' siwinsaid,' a gadael llonydd iddi erbyn hyn, yn enwedig ar ôl i ryw ddau ramblyr o ffwr' yn drwyadl North Ffês o gorun i swdwl ddeialu naw-naw-naw – ac 'w't ti wir,' medda fi yn mynd heibio, a 'be' sy' gynna chi'n fa'na?' medda hi, a 'llyfr sgêls,' medda fi yn mynd lawr y grisiau o'r bont i gyrraedd llwybr yr afon. 'Do-Re-Mi,' ma' Myrr Alaw yn 'i ganu ar yn ôl i. A dw inna'n troi rownd yn ôl wedi ail-drefnu fy nheimlada' i godi llaw arni hi oherwydd y mae ganddi hi lais canu mor hyfryd. Llais codi calon, fel ma' mam yn 'i ddeud weithia'.

Heddiw fel bob tro ma'r llwybr yn gyfforddus o feddal oherwydd yr holl nodwyddau pîn sydd wedi ei orchuddio'n drwch ers ymhell cyn fy ngeni i, ond i chi watjad na fydd un o'r nodwydda'n mynd i'ch esgid chi a thrwy'ch hosan chi ac i gnawd 'ch troed chi.

Sŵn yr afon rŵan yn ddim byd mwy na rhywun yn sibrwd cyfrinachau diniwed. Dwrdio oedd hi ddoe. Wedi ypsetio am rwbath fel y rhan fwya o bobol.

I nghyfeiriad i lle mae'r llwybr a'r lôn drol yn cyfochri ma' 'na fàn yn dŵad yn wincio ei gwynder budur o ochor i ochor wrth fynd o dwll i dwll. Wrth iddi fy mhasio i ma' Cemlyn Wyatt drw'r ffenasd yn symud 'i dafod i fyny a lawr arna' i, a dw inna'n codi mys a mawd yn ôl arno fo gan ofalu nad oes 'na fawr o le rhwng y bysidd er mwyn dynwarad seis 'i bidlan o, a gadael iddo fo o hyd wbod mod i'n dal i fedru 'i iaith o a'i debyg. Mae 'i dad o sy'n gyrru – mi wela i ymyl y stetson yn y cysgod – yn bib-bibian arna i. Dwi'n darllan *J.Wyatt & Son's* wedi ei beintio'n giami ar yr ochor. A dim ond -*kars* ar ôl o'r gair y mae un o'u llu gelynion nhw wedi ei sgwennu â bys dichellgar yn y llwch o dan yr enw.

Dwi'n meddwl fod pwnc fy nhraethawd hir: 'Proto-ffeministiaeth yng nghymeriadau Blodeuwedd, Branwen a Rhiannon' yn amherthnasol i fa'ma.

Mi wela i dalpiau o dalcen coch y cwt sinc yn mynd a dŵad yn 'y pellter wrth i symudiad y dail yn yr awel ei guddio a'i ddatguddio.

'W't ti'di clwad,' medda mam ha' dwutha a finna 'di gorfod dŵad adra eto, 'fod 'na riwin 'di symud i mewn i'r cwt sinc 'na ar lan 'rafon, a bod Desperado a'r hogia 'na sy' gynno fo'n gneud gwaith yno?'

Yr oedd yn rhaid i mi fagu nerth o rywle i fedru deud 'Naddo.' Y ma'n rhaid i rywun ostwng lefel yr hyn sydd o ddiddordeb iddi yn ystod gwyliau haf o'r brifysgol. Ond sgin i – na mam 'chwaith – mo'r modd i ni fedru mynd i nunlla arall. Dwi'n rêl snoban 'di mynd.

'Diforsî o'r Wural,' meddai mam ymhen yr wythnos – fel'na mae hi pan dwi adra o'r coleg, mae sgwrs yn saith niwrnod o hyd hefo seibiau Pinteraidd rhwng y deud – (saib) 'a wedi dysgu Cymraeg' (saib) 'Pwy?' dwi'n ei ddeud.

'Wel y ddynas yn y cwt sinc te.'

'Be' fyddai hi petai hi'n fo?' dwi'n 'i ddeud ar ôl gadael i'r dogn angenrheidiol o amser fynd heibio.

'Be' ti'n feddwl?' meddai mam.

Ac wedi ysbaid digonol ac ar drywydd hollol wahanol i be' o gin i mewn golwg, meddai mam: 'O! ych ia hefyd. Hen byrfat mwn.'

Drwgdybiaeth y Cymry o ddieithriaid mor iach ag erioed.

A duw a'u helpo nhw, os helpodd o neb erioed, os ydyn nhw ar eu pennau eu hunain a'r efail bedoli foesol yn brathu i'w cnawd nhw.

Weithia dwi'n casáu fy ngwlad fy hun. A ma 'weithia' weithia'n golygu 'o hyd.'

A ma mam yn ddynas ddeallus i fod.

Yn dyfod i nghyfeiriad i o'r cwt sinc ma'r *Goldberg Variations*. Dwi'n 'nabod y darn oherwydd pan mae mam 'ynddyn nhw' – a mae ganddi hi ei rhesymau dilys, chwarae teg – Bach ydy'r ymgeledd bob tro. Roedd o lot gwell iddi hi na fi. Dwi'n meddwl mod i'n atgoffa mam o lot o betha': y petha ddigwyddodd ac, efallai, yn waeth na dim y petha na ddigwyddodd iddi. Y tyllau cudd rheiny ym mywydau y rhan fwyaf o bobol sydd wedi eu sdwffio hefo cadachau llawn poen i fygu'r sgrechian tu mewn.

Wrth ddynesu at y cwt sinc mae'r recordiad o'r *Goldberg* yn cynyddu yn ei nerth.

... a dwi'n dal 'n anadl. Drwy'r drws agored, dwi'n gwasgu'r llyfr sgêls i nghlun, mi wela i Rachel yn ista o flaen y piano a'r nodau'n gwreichioni o symudiadau chwim 'i d'ylo hi. Ac fel petai hi'n gwbod mod i yma – a bod hyn i gyd wedi ei baratoi ar 'y nghyfar i – ma' hi'n dychwelyd i'r aria araf, brydferth gychwynnol. Honna fydda mam ... 'Dowch i mewn, Egwyl,' ma hi'n 'i ddeud heb sbio arna i a chario 'mlaen i ganu'r piano.

Dwi'n teimlo mod i'n sefyll rhwng mam a hi, rhwng deud y gwir a thwyll, rhwng lle saff sydd – a da! – ond sydd, feiddia i ddeud, yn mynd i nunlla a rhywsut wedi dŵad i ben – a lle arall, mi wn yn iawn, sy'n fy llygad-dynnu fi – peryglus, ydy-o? – Be dwi'n drio 'i ddeud? Be dwi'n drio 'i deimlo?

Dwi'n aros lle rydw i. Mae hi'n diweddu'r aria. A swingio rownd ar y stôl i ngwynebu i. Mae hi'n codi ei haeliau arna i. Mae hi'n dal ei llaw allan i gyfeiriad y llyfr sgêls yr ydw i o hyd dwi'n amgyffred yn ei bwyso'n dynn yn erbyn fy nghlun. 'Be' 'da chi'n feddwl yda ni? Idiots?' dwi'n 'i ddeud â pheth crygni yn 'n llais i.

Mae ei distawrwydd ennyd hi a'i gwên yn rhoi'r atab i mi.

Dwi'n meddwl am mam a'i holl fywyd a dwi bron â beichio crio.

Mae hi'n dal ei llaw eto am allan ond y tro 'ma i nghyfeiriad i yn gyfan gwbwl.

'Mi fydd raid i chi gamu o'r rhiniog 'na ryw ddiwrnod, Egwyl,' ma' hi'n 'i ddeud.

'Fyddwch chi ddim isho hwn felly yn na fyddwch,' ebe Egwyl yn codi'r llyfr sgêls a 'Hy!' ychwanegodd fel petai hi'n chwilio am ryw gryfder, rhyw ddirmyg a'r unig beth a gafodd oedd 'Hy!' di-nerth.

Daeth Rachel rywfaint yn nes ati, gwyro ei phen ychydig a chodi ei golygon i'w chyfeiriad. Meddai:

'Isho gwefr y tro cynta' eto oeddwn i. Y tro cynta' i nwylo i gyffwrdd y nodau, ac nid ofn deimlis i bryd hynny fel y rhan fwya' ond rhyw lawenydd anesboniadwy, a drysau'n agor. Yn fy oed a fy amser i dwi isho pob un-wan-jac o'r troeon cynta'n ôl. Y tro cynta' i mi flasu afocado. Y tro cynta' i mi weld Paris o'r awyr. Y tro cynta' i ngwefusa i gyffwrdd gwefusa' rhywun arall a gwbod wedyn mai dyna oedd pobol yn 'i feddwl pan oedda nhw'n deud y gair 'cusan'. Pan welis i hysbyseb 'ch mam, mi benderfynis fod yn rhaid i mi ga'l teimlo'r tro cynta' hwnnw eto. A cha'l darganfod mudl si eto. A phan ddois i o'ch tŷ chi, be' da chi'n feddwl nesh i, chwerthin i fyny'n llawas mod i 'di'ch twyllo chi, ac i ga'l sbort? Naci. Crio nesh i. Petha'n chwilio am y troeon cynta' yda ni o hyd ac o hyd. 'Sa well gin i beidio medru chwarae'r *Goldberg* a bod eto'n wyth oed o flaen piano diarth yn methu chwarae dim a'r llawenydd hwnnw wedi fy llwyr feddiannu fi.'

Teimlai hyn i Egwyl fel esboniad digonol, rhyw lun ar ymddiheuriad hyd yn oed. Teimlent yn eiriau hollol ddilys. Fel hyn y teimlent iddi. Ond eto, eto, ni allai beidio â theimlo rhywbeth arall. Teimlent hefyd fel y stribed melyn fel mêl, cwafriog, sdici hwnnw sy'n hongian o ambell nenfwd yn llawn pryfed marw ac yn barod i hudo un pry' arall byw.

Oherwydd mai dyna yr oeddwn i yn ei ddyheu am i'w wneud, mynd ati, dwi'n camu dros y trothwy ac i mewn â fi i'r ystafell, a ma' hi'n agor 'i breichia led y pen a mwy, a gneud rhyw fath o birowét i ddangos yr ystafell orlawn hon i mi.

'Be' ti'n feddwl?' medda hi, 'i llgada hi'n mynd i fyny ac i lawr, ac o ochor i ochor.

A dw inna'n agor 'n llgada. A gweld. Y piano Bechstein. Llun gan Francis Bacon. Llun gan Graham Sutherland. Llun gan Bridget Riley. Fás gan George Roualt. Defnyddiau damasg a silc a'u patrymau arabesg hyd y ddwy chaise longue. Carpedi o Dwrci ac Iran. (Mae hi'n rhwbio'n ysgafn un o'r carpedi â blaen ei slipan wrth 'y ngweld i'n edrach.) Bwrdd a chadeiriau o waith Charles Mackintosh. Cypyrddau bychain, llai a mwy, tal rai ohonyn nhw, tena' rai eraill, yn llawn drorsys a duw yn unig a ŵyr be' sy' tu mewn iddyn nhw.

Mae'n rhaid 'i bod hi eto wedi ngweld i'n edrych oherwydd ma' hi'n deud: 'Agor y drorsys os lici di.'

A dwi'n gneud. Agor un drôr yn ara' bach, ac yno'n wyn, wyn – perffeithrwydd o wynder – y mae anifeiliaid bychain o ifori. Dwi'n codi jiraff. A'i osod ar gledr fy llaw. Mae o'n oer. A dwi'n teimlo rhyfeddod. Dwi'n 'i roi o'n ôl yn ofalus yn ei le rhwng y llamhidydd sy' wedi ei fferru ar ganol ei naid a'r gasél llonydd sy' ar drithroed wedi troi i wrando oherwydd fod o'n gwbod fod llew islaw iddo. Wrth wthio'r drôr yn ysgafn yn ôl i'w chau a'r cysgod yn diffodd gwynder yr anifeiliaid bychain res wrth res, dwi'n troi at Rachel oherwydd mod i wedi dalld:

'Ma' pob dim yn fa'ma wedi ei ddwyn,' dwi'n 'i ddeud.

A ma hi'n ysgwyd ei phen yn ara' bach i gadarnhau mod i'n llygad 'n lle. A ma' hi'n wên o glust i glust.

Ond tydw i ddim yn teimlo ofn. Nac ychwaith rhyw dwt-twtio moesol. Does yno' i ddim ymwybyddiaeth fod rhai petha'n dda a rhai petha'n ddrwg. Yno' i mae rhywbeth rhwng edmygedd a gorfoledd. A rhyw ddadebru mewnol yn digwydd. A fedar yr awch am brydferthwch ganiatáu unrhyw beth?

'Ti'n gweld,' medda hi yn rhoi ei braich i orffwys yn ysgafn ar fy ysgwydd i, 'da ni'n dechra dalld 'n gilydd am y tro cynta'.'

A dwi'n clwad ogla'i phersawr hi. Rhwbath sydd wedi dŵad o ganol lemonau ac orennau, ffigys a phomgranadwydd. Rhwbath sydd wedi ei wneud o enwau fel Isfahan a Samarcand.

Ond dwi isho gofyn iddi hi hefyd: Ydy rhein go-iawn? Ta ydi bob dim yn fa'ma nid yn unig wedi ei ddwyn ond hefyd yn ffêc? Ond tydw i ddim oherwydd tydw i ddim isho i rwbath gael i ddinistrio. Dwi'n llenwi'n ffroena â'i phersawr hi.

O 'mlaen i heno mae'r cofnod 'sgwennodd hi'r noson honno yn ei dyddlyfr. Mae 'i dyddlyfr hi'n tjoc-a-bloc o betha' fel hyn:

Croesi trothwy. Grym ynddi hi i wneud hynny, ynteu grym y wraig o'i blaen a oedd yn drech na hi? Dewis ynteu gorchymyn? Ufudd-dod neu orfodaeth? Rhyddid neu ragordeiniad? Does neb a ŵyr, ac nad yw'r gwahaniaethau ymddangosiadol hyn yn ddim byd mwy na hoced geiriau gwahanol i huddo'r dryswch a'r llanasd yr ydym ni'n chwarae'n barhaus ar ei wyneb, ac mai cael ein hyrddio yn ein blaenau a wnawn yn ddi-reolaeth. Nad oes dim gwahaniaeth rhwng ein hyrddio drwy'r cosmos ar blaned maint llychyn a'n hyrddio i mewn i ystafell ddieithr.

Fel petai hi'n credu dim o hyn, ac wedi ail-feddwl, mae hi wedi croesi'r darn allan. Ond hwyrach mai dyna'r casgliad y daeth iddo, cael ei dychryn ganddo, wedyn ei groesi allan mewn ofn. Rachel yn dychryn? Rachel mewn ofn? Hy!

●

Llithrai'n llathr fel cledd i'r wain, neu rwbath fel 'na dwi'n 'i gofio wrth gerdded ar hyd y dorlan gan sbio ar yr afon yn hyrddio yn ei blaen, a meddwl na licis i 'rioed y dipresuf hwnnw, Williams Parry, er fod well gin i hwnnw na'r blydi Gwenallt 'na a'i dduw, a bod well gin i hyd yn oed hwnnw na Mr Sanctaidd ei hun a'i Abertawe fo diolch i'r arglwydd yn fflam, ac o 'mlaen i mae car BMW gwyrdd wedi parcio.

Wrth fynd heibio mae 'na wraig yn edrach arna i o'r car, a ma hi'n smocio'n hamddenol, braf. Mae hi'n ysgwyd bysidd 'i llaw arna i. Dw inna'n dynwared yr ystum yn ôl. Hwyrach mai tric y gola' rhwng gwydr y ffenasd a'i chroen ydy o yn creu rhith, ond mi fedra i daeru fod ganddi fan geni mawr ar ei boch, be' glwis i mam un waith yn ei alw'n farc port wine.

O ddrws agored Tŷ Coch mi wela i yn syth i mewn i'r ystafell wely a tin dyn yn diflannu i'w drwsus.

'I thought you didn't do this anymore?' meddai'r dyn yn rhoid naid sydyn ar flaena' ei draed er mwyn cau ei falog. Wn i, oherwydd fela gnath Brian No Brên yr un tro hwnnw.

'Just fancied it today that's all,' etyb Rachel sydd o'r golwg.

'Must get lonely here,' mae o'n 'i ddeud wrth wthio cefn ei grys i gefn ei drwsus.

'Loneliness is the best of all my options, don't you think?' medda' hi wedi codi o'i gorweddian ac yn arllwys ei phais dros ei phen.

'She wants the Naum Gabo back,' mi glywai'r dyn yn ei ddeud.

'You'd better take it then. But tell her I want the Brâncuşi. Remind her it was art for my silence.'

Mae Rachel yn fy ngweld i yn sefyll yn ffram y drws.

'Hei!' ma hi'n 'i ddeud i nghyfeiriad i, 'ty'd i mewn, paid ag aros yn fan' na,' ond yn cau drws y llofft ar yr un pryd a gwenu wrth wneud.

Y cwbwl fedra i i glwad o'r tu ôl i'r drws caeedig ydy synau fel synau cwch gwenyn o bell. Rwbath fela.

Sŵn taeru?

Yn dal i hannar gwrando dwi'n agor un o'r dronsys goris i byddwrnod.

Sŵn ffrae?

Yma mae gwn.

Sŵn croesi cleddyfau?

A dau fwled.

Sŵn 'gwahaniaeth' barn?

Dwi erioed wedi gweld bwled.

Sŵn 'diffyg' dealltwriaeth?

Dwi'n rowlio un o'r bwledi 'n ysgafn â blaen 'y mys.

Egyr y drws a dwi'n cau'r drôr.

'She doesn't and she won't,' dwi'n clwad Rachel yn ei ddeud.

Dwi'n cymryd arna. A darllan y llofnod – Kosoff – ar y llun o 'mlaen i.

Teimlaf olygon y dyn arna i.

Kosoff dwi'n 'i ddarllan eto.

Mi glywa i gar yn sdartio.

O'r tu ôl i mi, a finna'n meiddio hannar troi, ma' Rachel yn cau botymau ei blows gan ddeud:

'Coda fo'n iawn o'r drôr.'

Mae hi'n ail-agor y drôr a rhoi'r gwn yn fy llaw i.

'Ti 'rioed wedi dal dim byd fel hyn o'r blaen yn naddo? Dwi'n medru deud. Tro cynta' i bob dim sdi. Waeth ti befo am y dyn 'na, gyda llaw.'

Mae hi'n fy nhynnu fi'n nes ati gefydd baril y gwn sy'n dal yn amaturaidd ma' raid yn fy llaw i. A gwthio'r baril i mewn yn galad i'w hochor. Da ni mor agos â hynny bellach.

'Rŵan, saetha fi,' ma' hi'n 'i ddeud.

'Da ni'n edrach yn ddwfn i llgada'n gilydd a phethau'n mynd nôl a blaen rhyngdda ni.

'Petaet ti'n saethu i'r iau,' medda hi, 'mi fydda'r gwaed ddeuai allan yn ddu fel triog.'

Dwi'n sylweddoli nad ydw i ar y foment hon yn fy mywyd ddim isho bod yn nunlla arall ond fa'ma.

●

Yr oedd hi'n Ddolig parhaol y tu mewn i dŷ Myrr Alaw. Cyferchid yr holl ddynion a ddeuai yno gan ei mam, Mair (a na! nid wyf yn tynnu coes neb) â'r geiriau: O! tyd i mewn yr aur. (Petai ganddynt gath Thus fyddai ei henw, roedd hynny wedi ei sefydlu, ond gan fod Myrr Alaw wedi peidio swnian arhosai 'Thus' i fewian yn nhiriogaeth posibilrwydd pell.) Haeddai y gyda'r nosau a'r nosau yno yr enw ar y tŷ – Silent Night – oherwydd gorffennai pob dim am bump. (Weithiau agorid y drws cefn i ambell 'aur', a oedd yn hen law, am hanner awr wedi saith, a hynny'n ddibynnol ar shifft ocwyrd fel yr esbonid, neu gyfarfod hwylus o Merched y Wawr. Hanner awr a ganiateid – 'strict, 'raur, mewn ag allan fydd hi.' Ond ar y cyfan, y dyddiau eu hunain oedd yn swnllyd, y pnawniau ran amlaf, pan ddeuai yr holl ffyddloniaid. Amod arall, wrth reswm, oedd no wuddheld nymbyrs.

Fel sawl un y mae tristwch yn sail i'w bywydau, tristwch a ddaw nid ar unwaith a'i ffynhonnell mewn un digwyddiad pendant – y mae fel arfer bendraw i dristwch o'r math yna – ond y tristwch arall hwnnw llai amlwg, efallai, annelwig ei darddiad, yn cymryd ei amser i amlygu ei hun, ond yn bendant yn fwy pell-gyrhaeddol yn ein plith, a ddaw yn dameidiau bychain o hyd fel darnau jig-so, cannoedd ohonynt, hyd nes y daw o'r llun gorffenedig yn rhythu'n ôl wynebau yr union rai sydd wedi bod yn ddygn roi'r darnau wrth ei gilydd yn y lle cyntaf, y math yna o dristwch oedd yn waelodol yn Mair Eluned. Ynghlwm wrth y math hwn o dristwch yn aml y mae anian sentimental. Gwraig sentimental iawn oedd Mair Eluned.

Nid oes, mae'n debyg, yr un cyfnod sy'n well i besgi sentiment na'r Nadolig. Yr oedd hi felly'n Ddolig parhaol y tu mewn i dŷ Myrr Alaw. Wylai muriau'r 'stafell fyw dinsel o bob math. A brest y lle tân yn ddagrau o gardiau – oddi wrth neb, wrth gwrs, ond yn syth o'u bocsys 'thirty for a pound, luv,' yn farchnad Dre. Yn y gornel yr oedd Santa Clos mawr plastig y byddai rhaid chwythu mwy o wynt iddo bob yn hyn a hyn rhag iddo ddechrau gwystnio fel hen afal, neu fynd yn drwpi, fel y dywedai Mair Eluned a chwerthin dros bob man. O'i gwmpas yr oedd epil o Sion Corns llai. Ar y ffenestr yn hongian fe welid cylch o gelyn plastig ac yn y canol y geiriau ERRY HRIS MA.

Erbyn hyn a hithau'n wyth oed mae Myrr Alaw yn cael llonydd yn yr ysgol. Hwyrach fod a wnelo hynny ag un digwyddiad rai misoedd ynghynt, ym mis Ebrill, pan ofynnodd un o'r genod hŷn iddi ar ôl gofalu'n gyntaf fod twr o blant eraill, ufudd yn barod o'u cwmpas: 'Be' ma' Santa Clos yn 'i adal ar ôl yn tŷ chi, Myrr Alaw?' Aeth pawb yn dawel, ddisgwylgar gan wybod y byddai Myrr Alaw o fewn eiliadau, fel y gwnaeth droeon o'r blaen, yn dechrau cicio a pheltio yr awyr iach, y dorf o'i chwmpas yn gofalu symud am yn ôl yn araf ac fel un fel y cynyddai cylchoedd sderics Myrr Alaw. Ond y tro diwethaf hwn ni ddigwyddodd hynny. Arhosodd Myrr Alaw yn dawel yng nghanol y cylch o blant fel petai hi'n pendroni, oherwydd yr oedd wedi cael digon. Penderfynodd o blith yr holl bosibiliadau a oedd yn ei meddiant – ac yn ddiweddar yn unig yr oedd hi wedi dirnad hyn – ddefnyddio un ohonynt. Felly sibrydodd Myrr Alaw i glust yr eneth o'i blaen – twrnai oedd ei thad, fe wyddai Myrr Alaw, erbyn hyn – nes peri i'r eneth ar unwaith feichio crio ac i'r gweddill deimlo rhywbeth tebyg i ofn – rhyw frathiad ci bach o beth ydoedd mewn gwirionedd, ond yr oedd yn ddigon iddynt chwalu i wahanol gyfeiriadau ar yr iard. O'r dydd hwnnw ymlaen peidiodd y piwsio amlwg bron beunyddiol cynt. Yn ei le daeth piwsio arall, anamlwg: fe'i hanwybyddwyd. Ond o leiaf yr oedd hi'n cael llonydd ar ei phen ei hun.

Dylid, efallai, nodi dau beth arall a allasai fod yn gyfrifol am roddi i Myrr Alaw ddyddiau diddrwg-didda, a dyna oeddynt erbyn hyn, yn yr ysgol.

Yr oedd ganddi weithwraig gymdeithasol newydd, a welai nid anfoesoldeb ond annhegwch economaidd, mai'r breintiedig a'u boliau'n barhaol lawn oedd yn medru gwahaniaethu rhwng 'da' a 'drwg' – creadigaeth y gorthrymydd, fe wyddai'n reddfol bron, oedd moesoldeb a bod disgwyl felly i'r gorthrymedig 'fihafio', ac er bod byd Mair Eluned a'i merch Myrr Alaw yn anhygyrch iddi, o blith y breintiedig y deuai hithau hefyd, meddai ar ryw gydymdeimlad naturiol bron a fedrai ganfod ffordd arall i mewn i'w byd hwy. Gwyddai pryd i ymyrryd pan oedd raid, ond yn bwysicach gwyddai pryd i edrych i ffwrdd er y byddai hynny pe gwyddai ei phenaethiaid yn costio ei swydd iddi. Gwyddai hi'n iawn mai lle plentyn yw adref, hyd yn oed os yw'r adref hwnnw yn cael ei ddal wrth ei gilydd gan y cyfuniad odiaf fyw o fiwrocratiaeth ffurflenni di-ddiwedd a di-fudd a chariad chwit-chwat ond amlwg, serch hynny, rhiant sengl. Hi a fu'n gyfrifol am ddarganfod a hybu wedyn allu Myrr Alaw i 'ddroinio' – a defnyddio gair Myrr Alaw ei hun am ei dawn gynhenid.

Er i Myrr Alaw ennill y wobr gyntaf yn Eisteddfod yr Urdd am ei llun Cath yn Cysgu – 'chi bron yn 'i chlywet hi yn cani'r grwndi,' fel y dywedodd y beirniad ar goedd – aeth hynny ar goll yn llwyr yn yr ysgol oherwydd i rywun arall ennill y wobr gyntaf am gerdd, heb sôn am y saith cyntaf a gafwyd am y llefaru a'r canu a'r gân actol. Modd bynnag, ni fedrodd yr ysgol anwybyddu y pum can punt a ddaeth yn sgîl y Rice Krispies Art Prize a llun Myrr Alaw o *My Christmas* yn ennill yr ail wobr – 'was this surreal depiction of Christmas by a child, I had to ask myself?' geiriau'r beirniad, 'what has that mauve and green faced Santa all in black in his sack? This young artist knows line. Knows colour. Knows weird.' Am y tro cyntaf erioed aeth Myrr Alaw un bore Llun i ben y llwyfan i dderbyn ei 'bocs o betha droinio' a chyflenwad mis o Reis Crusbis. Gorfu i bawb guro dwylo. 'Ches di mo'r pres 'lly?' oedd sylw Mair Eluned.

Mae Myrr Alaw yn rhedag i'n cyfeiriad ni'n gweiddi mwrdwr.

Bellach mae Rachel a fi wedi dechra' ymddangos o bryd i bryd hefo'n gilydd. 'Hogan Elsbeth Piano a'r Diforsî 'na o'r Wuryl yn amal hefo'i gilydd,' ydy'r frawddeg syrffedus. 'Y Diforsî o'r Wuryl' wedi glynyd drwy gael ei ail-ddeud o hyd ac o hyd. Mae'n debyg mai fel yna y bu i'r Gwironeddau Mawr ddyfod i fod erioed a bydoedd wedyn yn cael eu hadeiladu arnyn nhw i foddhau rhai ac i gaethiwo eraill.

Hyd yn oed mam.

'Ti'n mynd yn amlach i dŷ'r Diforsî 'na ar lan 'rafon.'

· 'Tydy hi ddim yn diforsî,' me' fi.

'Yndy'n tad. Ma' Ceinwen Deifi Ritjard wedi deud.'

'Wel, os dudodd Ceinwen Deifi Ritjard mae o'n efengyl felly tydy.'

Onid Ceinwen Deifi Ritjard ddudodd wrth bawb fod tad Mulcshec wedi rhwbio'i thin hi'n gyhoeddus, shî wishd, yn y bys sdop wrth ddisgwl am y G2 i Dre.

'Paid â bod yn bowld,' ddudodd mam, 'a deud thi mod i isho'n llyfr sgêls yn ôl. Mae o gynni hi ers hydion bellach. Doedd o ddim yni hi sdi. Mi fedrwn ddeud. Doedd y ffingyring ddim ganddi. Heb sôn am y glust.'

'A mi fedrach ddeud hynny ar y wers gynta!'

'Mi w't ti'n medru deud bob dim o'r wers gynta',' gan ychwanegu'n sydyn fel petai hi'n trio 'n nal i allan, 'Be' ma hi'n 'i neud ta?'

Ond r'on i wedi paratoi atab petai rhywun yn gofyn y cwestiwn yna:

'Art dilyr,' dwi'n 'i ddeud yn hyderus.

'O! Riwin swn i'n 'i nabod?'

'Leon Kosoff yn un.'

Meddyliodd mam. Ma hi'n ysgwyd 'i phen yn araf. Na, doedd yr enw yna'n canu'r un cloch ma'n amlwg. Perthyn i garfan pobol y 'llun o be' dyo?' ma' mam. Dw inna wrth 'y modd pan ga i'r cyfla i wneud i bobol y lle 'ma deimlo'n fach. Ma'r lle ma'n codi pwys arna i weithia.

'Gna fel fynno ti,' ma' mam yn 'i ddeud, 'ma' gin i mywyd 'n hun bellach.'

Ac yr oedd. Fel dudodd hi y nos Wenar cyn dwutha, 'Dwi 'di dechra canlyn eto. Ma gin i ddêt.'

Oce. Mi oedd y 'canlyn' gydnaws â'i hoed hi, jysd abowt. Ond am y 'dêt' – na, na, na. Does na'm byd gwaeth na dau ganol oed ar 'ddêt'. Ma nhw'n colli rheolaeth rhywsut heb sylweddoli 'u bod nhw wedi gneud hynny. Dyn mewn oed yn freichia i gyd dros ddynas mewn oed a hitha 'run fath hefo fynta fel pentwr o hangyrs mewn siop ail-law. A phobol o'u cwmpas nhw'n dechra pwnio'i gilydd yn slei. Dylsa fod yna cut off point i secs.

Mi roedd 'i hedrychiad hi arna i y nos Wenar honno yn aros i mi ofyn am enw, hi o mlaen i fel 'tai hi'n un ar bymthag eto. Dwi'n ufuddhau. Dwi'n gofyn. A ma hi'n deud:

'Wel paid â gofyn hyd dy din. Ond Huw i ti ga'l gwbod.'

Ma' amball i enw yn 'ch llenwi chi hefo'r fath siomedigaeth ymhell cyn i chi weld y dyn. A phan welis i Huw – echnos oedd hi? – mi o'n i'n diolch i ryw arglwydd mai llgada mam oedd yn gorod edrach arno fo ac nid fy llgada i.

Roedd mam yn hapus. Mi orfodis fy hun i fod yn falch.

'Diolch i ti,' meddai mam, 'o'n i 'di meddwl mai cuchio fydda ti.'

Ddudas i ddim mai 'i gefn o'n unig welis i'n diflannu, yn rhy gyflym yn y marn i fel 'tai gynno fo rwbath i'w guddiad, i'w gar.

Yn dal i weiddi mwrdwr, yn dal i redag, mae Myrr Alaw ac ar fin mynd heibio i ni, ond y mae Rachel yn cydio'n ddeheuig yn ei garddwrn i'w rhwystro, a dw inna'n camu o'i blaen hi, cyrcydu a rhoid 'n llaw ar 'i hysgwydd hi.

'Be' sy?' dwi'n 'i holi.

'Hen ... Ddyn ... Siop ... 'Na,' mae hi'n 'i ddeud, y geiriau unigol ar wahân yn cael eu gwthio am allan gan ei hanadliadau dyfnion fel petai hi'n dynwarad y trên bach yn gadal sdeshon y trên bach yn Port.

'Gawn ni weld am hyn,' ma' Rachel yn ei ddeud yn sbriwsio drwyddi fel petai hi wedi cael hyd o'r diwedd i esgus er mwyn cael g'neud rhwbath yr oedd hi wedi dyheu am gael ei 'neud ers hydion lawar.

A dani 'n martjo ar hyd y lôn i gyfeiriad siop PritchardBachSiop, Myrr Alaw erbyn hyn wrth gael ei llusgo gan Rachel yn trio buta bar o tjoclet oedd yn brysur doddi yn stremps ar hyd llawes côt Rachel.

Yn yr eiliadau yma o ruthro dwi'n sylweddoli nad ydw i wedi bod yn y siop yma ers blynyddoedd – *Pepco* ydy'n siop leol ni stiwdants yn y ddinas, neu pan ga' i ffit o gydwybod am seis 'y nhin, *Len an' Till's* – a dwi'n cofio fel yr oedd hi'n wybyddus i bawb, er na wyddid sut yr oedd hi'n wybyddus i bawb, fod gan PritchardBachSiop dair o geilliau, a'r hogia'n derio'r genod i fynd at y cowntar hefo tri gobstopyr ar gledrau 'u dwylo a wincio arno fo a fynta'n cochi cyn cynddeiriogi owt of control.

Hwyrach mai ar y cowntar eisoes yr oedd y drowing pun – go brin 'i bod hi'n cario drowing puns ym mhocedi ei chot? Mr PritchardBachSiop yn gwenu gwên a oedd rhywle rhwng y nawddoglyd a'r dirmygus i'n cyfeiriad ni'n tair.

'Yn y gorffennol arferwn i,' dechreuodd Rachel gan wthio'r drowing pun â'i bawd yn ddyfn i gefn ei law o yr oedd o wedi bod mor wirion â'i gosod yn awdurdodol ar y cowntar pan gwelodd o ni'n dŵad i mewn, 'holi pobol ar ran pobol craill. A fyddai yna neb yn clywed sgrechiadau'r bobol yr oeddwn i yn eu holi yn yr ystafell honno 'slawer dydd islaw'r pafin, a be' oedd ar gael o olau'r dydd diawledig hwnnw yn gorfod cwffio'i ffordd i mewn drwy fudreddi un *skylight*. Dudwch sori wrth yr hogan fach 'ma.'

Safodd ar flaenau ei thraed fel y medrai wasgu'r drowing pun yn ddyfnach i gefn ei law.

'Sori,' medda fo gan wthio rhwng ei ddannedd y geiriau a oedd wedi eu ffurfio'n gras yng nghefn ei wddw, ei llgada fo'n culhau gan y boen.

'Deud titha sori am ddwyn 'i tjoclet o,' trodd Rachel rownd yn chwyrn i gyfeiriad Myrr Alaw oedd wedi bod yn lygad-dyst digon di-gyffro i hyn i gyd. Ond ysgwyd ei phen mae Myrr Alaw yn ei 'neud i ddeud nad ydy hi am 'neud y ffasiwn beth. Byth.

'Ma hi'n deud sori,' ma' Rachel yn ei ddeud wrth y siopwr sy' bellach yn sugno cefn ei law, sŵn tila'r drowing pun yn taro'r cowntar cyn taro'r llawr hefo sŵn gwahanol.

'Mi fedrwn i ...,' ma' PritchardBachSiop yn cychwyn 'i ddeud, yn chwilio am 'i ddigniti fel ma nhw'n 'i ddeud ffor' hyn.

'Na fedrwch,' me' Rachel yn camu i mewn i'w hannar deud o, a'i daflu fo'n ôl i'r diymadferthedd hwnnw sy'n nodweddu pob dyn bach, 'a gyda llaw, yda chi'n meddwl mai fel hyn y bydda unrhyw ddiforsî o'r Wural yn bihafio?'

A ninna rŵan yn cerddad am yn ôl, Myrr Alaw yn ein dilyn ni o hirbell yn buta bar arall o tjoclet erbyn hyn, dwi'n mentro gofyn:

'Holi pwy oedda chi, Rachel? A holi am be'?'

'Sdibe,' ma' hi'n 'i atab, 'mi o gin i isho negas yn y siop 'na wedi'r cwbwl. Ty'd yn ôl.'

Mae PritchardBachSiop yn camu'n ôl o'r cowntar pan wêl o ni'n dŵad i mewn eto. A rhoid 'i dd'ylo y tu ôl i'w gefn. Am yn hir cyn deud dim mae Rachel yn sbio arno fo. Mae hi'n sibrwd; y math o sibrwd y mae rhywun sy'n gwbod mai ganddi hi y mae'r law drecha' yn 'i neud:

'Hannar dwsin o wya', os gwelwch chi'n dda.'

'Mawr ta mawr mawr,' mae o'n holi'n dawelach na'r arfar.

Mae Rachel yn gwyro i'w gyfeiriad o dros y cowntar. Medda hi:

'Mewn edmygedd o dwll tin yr iâr, mawr mawr. A chymrwch hefyd am y ddau far o tjoclet a gafwyd yma, dwi'n credu gynna'.'

'Tri bar,' mae o'n 'i ddeud yn ddiniweitiach nag erioed.

Dwi'n gweld yr elastoplast newydd yn crychu wrth iddo fo roid y newid iddi hi.

'Dusinffectant ar hwnna gynta,' ma' hi'n 'i ddeud yn gwyro'i golygon tuag at y llaw ddolurus.

O ddrws y siop ar draws y lôn mae Myrr Alaw yn cychwyn ar far arall o tjoclet. Codi'i dwrn arni mae Rachel. Tynnu ei thafod llawn tjoclet tawdd arni yn ôl a wna Myrr Alaw.

'Tisio dŵad am dro hefo ni?' mae Rachel yn ei holi heb sbio arni.

Mae Myrr Alaw yn ysgwyd ei phen yn gadarnhaol. A dwi'n sylweddoli fod rhyw 'Oes!' mawr o'i mewn hi. A rhyw wybod mwy o'm mewn inna' y byddwn ni o hyd o hyn ymlaen yn dair. Am byth, falla?

Dwi'n clwad Rachel yn deud eto *skylight* yn be' 'sa chi'n alw'n Susnag crand. A ma' 'na rwbath yn mynd trwy mhen i'n braf fel petai ei hynganiad hi o'r gair yn flaena' bysidd yn mynd yn ara' bach trwy ngwalld i.

●

O!-dduw-nad-ydyo'n-bod ma' mam a Huw wrthi.

Dw inna 'rochor yma i'r parad.

A pho fwya yr ydw i'n trio pidio gwrando mwya'n y byd dwi'n 'i glwad. A phan dwi'n cau'n llgada dwi'n 'u gweld nhw. A mae o'n hollol dusgysting.

Mi o'n i'n gorwadd ar 'y ngwely'n twllwch yn meddwl am betha' a'r cwbwl glywn i oedd:

'Ty'd yn d'laen, Huw, di hi ddim yn fa'ma nacdi. Felly fydd ddim raid i ni boeni am ga'l 'n dal. Sdraic whail ddi aiyrn's hot.'

A ma' raid 'i bod hi 'di gafael yn rwbath oherwydd iddi hi chwerthin yn husterical bron ar y gair *aiyrn*.

Mae sŵn y gwely rŵan fel sŵn llifio a'r blêd bob yn hyn a hyn yn snagio ar gainc. Neu fel petai 'na emffysimia ar sbrings y fatras.

Ddylswn i fod wedi gneud ryw fath o sŵn ar y dechra er mwyn iddyn nhw gael gwbod mod i'n tŷ?

Ddylswn i fod wedi pitran-patran lawr grisia' a mynd allan a dŵad yn ôl pan oedd Huw wedi mynd a gadael i mam ddeud clwydda yn ei dresing gown ar y soffa ei choesau y tu ôl i'w phen ôl fel bydd hi bob nos hefo panad yn troi tjanels ac 'Aros amdanat ti oeddwn i yli yn fa'ma ar ben 'n hun'?

Wrth feddwl am ddeud clwydda' ma'r geiniog yn disgyn. Nid fi oedd yr 'hi' nad ydy 'hi' yma ond gwraig Huw.

A ma' pob teimlad blaenorol o ffieidd-dod a chywilydd yn diflannu rwsud, a'u disodli gan edmygedd.

Mam!

Dwi'n rhoid 'n nillad yn ôl amdana.

Dwi'n mynd allan yn ddistaw bach.

●

Crychodd ei llygaid y mymryn lleiaf pan welodd driongl gloyw blaen llafn y gyllell *Stanley* yn rhedeg yn un llinell syth ar hyd y dafod a oedd yn cael ei gwasgu'n gadarn rhwng bys a bawd y torrwr, un arall yn dal y pen yn hollol lonydd rhwng feis ei ddwylo. Dylai'r dyn gwirion fod wedi rhoi'r wybodaeth iddi. Nid oes dal ar deyrngarwch ambell un.

Ond pam ei bod yn cofio'r digwyddiad yma o hyd ac o hyd, fel tiwn gron, yn hytrach na'r digwyddiadau eraill cyffelyb, rhai ohonynt yn llawer gwaeth?

Yn y tywyllwch sipiai Rachel yn hamddenol ei gwydraid o wisgi.

●

'Thanciw, Musdyr Donash, ffor leting ys no ffysd,' meddai un dyn wrth y llall yn nrws y Fic wrth i Egwyl fynd heibio gan beri iddi brofi ymhellach lawr y lôn siwgwr mân yn crensian rhwng ei dannedd yn ei dychymyg oherwydd y gair 'donyt' yr oedd hi wedi ei glywed o'r tywyllwch o flaen y dafarn.

O ben y ben y bont edrychai'r afon iddi fel llawes ddu yn breuo'n wyn i'r leinin wrth sgriffio yn erbyn y pileri. Ond hwyrach mai ffordd o ddirnad oedd hynny ei bod yn byw mewn gwlad a oedd rhywsut yn breuo. Ac nad oedd modd i neb ddianc.

Edrychai i fyny'r afon ymhle y gwyddai yr oedd Rachel. Rhywsut yr oedd yr wybodaeth hon, y gwybod ei bod hi, Rachel, o fewn cyrraedd iddi hi, Egwyl, yn rhoddi iddi sadrwydd a hyder. Teimlai ei hun yn ymestyn yn ei gŵydd. A gwyddai hefyd ei bod hi yn rhoddi rhywbeth i Rachel yn ogystal, er na fedrai leoli mewn geiriau beth yn hollol oedd y rhywbeth hwnnw. Nid oedd fawr ers i'r ddwy gyfarfod. Ni allai benderfynu ai damweiniol oedd y cyfarfyddiad cyntaf hwnnw yn y llyfrgell, ynteu rhywbeth a oedd wedi ei drefnu rhag blaen, ei drefnu gan Rachel ei hun. Fod y ddynes wedi gosod trap nid iddi hi, Egwyl, yn benodol, ond i unrhyw un ond mai hi a gamodd i'r magl. Ond yr oedd meddwl fel yna yn ei gwneud yn rhywun-rhywun, ac nid fel y dymunai hi fod, yr un a ddewiswyd. Yr etholedig. Yr oedd cael eich dewis yn rhagdybio cynllun ar eich cyfer. Ond os y gwnâi rhywun-rhywun y tro, yna gêm oedd hynny. A hithau'n ddim byd gwell na'r cylch bach coch a symudir ar fwrdd chwarae i gyd-fynd â'r rhif ar y dis. Na. Na. Gwyddai mai y peth-ei-hun oedd Rachel. Y – sut mae nhw'n deud? – y real macôi. Nid damwain ydoedd ei bod yn byw ger yr afon. Oblegid ynddi yr oedd natur afon. Llifai, gor-lifai, ymdawelai, rhuthrai, mewn rhyferthwy ac mewn gosteg, weithiau gyda'r glannau, dro arall drwy eu hanwybyddu'n llwyr. Siomiant fu pobl i Egwyl erioed. Addo'r byd a chyflawni fawr o ddim. Breuddwydio llawer mwy ond parhau i aros yn eu bywydau llawer llai. Nid oedd Rachel, fe wyddai, wedi ei gormesu a'i gorthrymu gan foesau. Nid oedd, fe dybiai Egwyl, wedi gadael iddi ei hun gael ei hollti'n ddwy gan ddeuoliaethau a oedd yn plagio bron bawb a adwaenai nes peri iddynt yn y diwedd fferru yn eu hunman gydol oes a throi yn yr unman hwnnw – nid am eu bod yn awchu cyflawni rhyw ddaioni ac ymgroesi rhag rhyw ddrwg – yn wir, y drwg yr oeddynt yn ei ddwfn ddeisyfu gan ffieiddio'r da honedig – ond na fedrent fyth fynegi hynny, ni chaent fynegi hynny, heb sôn am ei weithredu. Y mae'r rhan fwyaf o bobl, gwyddai Egwyl yn iawn, mewn un lle a'r bywydau a ddymunant mewn lle arall, fyth fythoedd i gyfarfod. Hyn yw eu loes parhaol y gwenant drwyddo wrth fynd o siom i siom a'u plant, os bydd plant, yn eu dilyn. Ond yn Rachel, gwelodd Egwyl ddilysrwydd yn cael ei fyw. Trwy rwyll diogel ei hastudiaeth o lenyddiaeth bu yn Egwyl ryw fud-ymwybyddiaeth o'r dilysrwydd hwn. At Blodeuwedd a Gronw Pebr, Efnysien, Siwan a Gwilym Brewys yr oedd hi wedi gogwyddo erioed. Ond un peth yw llenyddiaeth lle mae geiriau'n gwisgo menyg rybyr fel nad oes raid i chi deimlo'r teimladau go-iawn, peth arall hollol oedd ei hagosatrwydd cynyddol at Rachel. Ia'n tad. Ia. Ia. Rachel oedd y peth-ei-hun. Edrychai i fyny'r afon. Be' ma' hi'n 'i neud rŵan, dybad? meddyliodd. Dyheai amdani.

Trodd rownd pan glywodd:

'Mi 'na i blatiad o rei yfyn redi i chdi.'

A daeth y ddwy i'r fei rownd y tro, Myrr Alaw a'i mam.

'Ond dwisho rhei siop tjips,' meddai Myrr Alaw.

'Sut fedri di gal rhei siop tjips a chditha'n gwbod yn iawn nad oes 'na 'm siop tjips yn lle 'ma.'

'Mi fedrwn os awn ni ar y bỳs.'

'Pa fỳs? Ma'r ola' 'di mynd ers wyth. A tasa ni ...' Yr oedd Mair Eluned newydd weld Egwyl yno ar ei phen ei hun ar y bont yn sbio i'w cyfeiriad.

''Na hi'r ddynas,' meddai Myrr Alaw.

'Egwyl Ŵan 'di hon!' ebe Mair Eluned, 'be' ti'n 'neud yn stelcian yn hwyr yn nos fel hyn ar y bont a phawb parchus yn 'u tai yn breuddwydio am betha' amharchus? O'n i'n meddwl mai'r eidïa o fynd i goleg oedd gofalu na ddoi di fyth yn ôl? 'Di rhedag allan o bres wt ti? 'Ta 'di dŵad adra'n unswydd i sdicio drowing puns yn nulo pyrfats? Ges y lo down gin minaps yn fa'ma.'

'Da chi'n brysur?' meddai Egwyl yn gwybod iddi holi cwestiwn gwirion y munud y daeth allan o'i cheg, ond nid oedd hi wedi disgwyl gorfod mynd i sgwrs â neb heno.

'Hei!' ebe Mair Eluned, 'be' ydy'r 'chi' 'ma? Affdyreffecd arall coleg? 'Ta ffor neis o nghadw fi draw? Watj di dy hun Egwyl Ŵan os mai un fela wt ti 'di mynd. Ond sdi be' dwi ar wastad 'nghefn hefo gwaith.'

A chwarddodd Mair Eluned dros y lle ac i'r nos a rhoddodd bwniad cellweirus i Egwyl.

'Ma byji'n sâl iawn, iawn,' ebe Mair Eluned gan wincio ar Egwyl, 'dyna pam mae o 'di bod yn gorwadd ar waelod y cratj ers ben bora. Mi fydd doctor byjis yn dŵad i nôl o fory 'chi i fynd â fo i hosbitol byjis.'

Amneidiodd Myrr Alaw ar i Egwyl ddod ati gan gamu ychydig bach oddi wrth ei mam. Ufuddhaodd Egwyl. Edrychodd Myrr Alaw ar ei mam ac â'i bys erchi i Egwyl wyro tuag ati. Sibrydodd yng nghlust Egwyl:

'Ma byji 'di marw. Ond 'di mam 'im yn gwbod.'

'Wel dyna ofnadwy, Myrr Alaw,' sibrydodd Egwyl yn ôl.

'Mae o dydi. Mam! Bechod,' sibrydodd hithau yn ôl.

'Be' ydy'r sicrets 'ma?' holodd Mair Eluned.

'O!' ebe Egwyl, ''Da ni ddim yn deud wrtha chdi,' – a llusgodd y 'chdi' – 'yn nacdani, Myrr Alaw?'

Aeth car heibio ond yn llawer rhy gyflym. Tynnodd Egwyl Myrr Alaw i'r ochr.

'Tendia'r diawl!' gwaeddodd Mair Eluned ar ei ôl, 'hyd yn oed os nad oeddat ti am gael dy weld, mi gwelish i chdi. 'Na ti hen ffurat ydy hwnna.'

Yr union eiriau oedd yn Egwyl. Yr oedd hithau hefyd wedi gweld y gyrrwr.

'Galw draw rywbryd i ti ga'l enw drwg a chditha 'di gorfod dŵad adra'n ôl,' ebe Mair Eluned wrth gydio'n llaw Myrr Alaw, Myrr Alaw yn codi un bys i'w gwefusau i gyfeiriad Egwyl, Egwyl yn gwneud yr un peth yn ôl i'w chyfeiriad hi.

Ni welodd yr un ohonynt y dyn hefo het porc pei yn croesi'n gyflym o un ochr i'r bont i'r llall. Cyn diflannu. Lawr y grisiau i'r llwybr a arweiniai yn y man i gyfeiriad Tŷ Coch.

Dwi'n dŵad yn ôl i'r tŷ.

'Aros amdanat ti o'n i,' mae mam yn ei ddeud, yn ei dresing gown ar y soffa, ei choesa' tu ôl i'w phen ôl – hefo glasiad o win! 'rong yn fa'na felly.

'Huw 'di mynd?' dwi'n holi.

'O! gauodd yn glir â dŵad i mewn. Un swil dyo sdi.'

'Ydy o'n ddreifar ffasd?'

'Arglwydd be wn i!'

Dwi'n clwad 'n hun yn dechra teimlo'n biwis. A rhyw fynawyd yn 'n nheimlada fi.

'O lle ma'n dŵad?' dwi'n dechra holi.

'Ochra Gnarfon sdi. Bangor 'na,' a ma hi'n creu cylchoedd â'r gwydr yn ei llaw i ddangos yr union leoliad i mi ar fap ei amhendantrwydd bwriadol. A dw inna'n sylweddoli mai'r trydydd glasiad ydy hwn.

'Cym' un bach hefo fi.'

Heb os, y trydydd oherwydd y mae hi wedi codi'r gwydr lawer rhy uchal.

'Modfadd,' dwi'n 'i ddeud, 'a mi a i i nôl o.'

'Cym hwn yli,' ma hi'n 'i ddeud yn hyrddio'r glàs o dan 'n nhrwyn i oherwydd 'i bod hi 'di cofio fod y botal bellach ar fwr' y gegin yn wag, 'ma hannar glàs yn ddigon i mi. Ty'd, sdeddfod. O be' haru mi? sdedda dwi feddwl.'

Dwi'n cymryd sip. A rhoid y gwydr yn ôl iddi hi. Ma hitha'n closio ata i.

'Fuo gin ti neb ar ôl y Brian hwnnw?' ma hi'n holi.

Er mwyn 'i hatgoffa hi mai mam a merch sy'n fa'ma, ac nid fel y mae ambell i fam a merch yn ei ddeud: 'da ni fel dwy chwaer' – nacdach tad a fyddwch chi fyth – dwi'n symud oddi wrthi a ma hitha'n disgyn i'r twll hefo 'O god.'

Ond ma' hi wedi dalld.

A dw inna'n cofio:

'Be!' meddai rhywun, 'chdi a Brian No Brên.'

Ond nid ei ymennydd o oedd fy angen i yn bymtheg oed. Be' o'n i 'i isho oedd 'i freichia-codi-tiars o yn y lle Kwik-fit. 'Cofia di ofyn iddo fo ddangos 'i jac i ti.' A mi nath. A mi o'n i'n gwbod go-iawn wedyn.

Mae mam sydd wedi sythu rŵan yn pendwmpian a dwi 'di medru dal y gwydr mewn pryd. Dwisho deud wrthi: 'Watjwch rhag ca'l 'ch brifo eto.' Ond nid dwy chwaer yda ni.

'Cer di fyny yli,' ma hi'n 'i ddeud yn swrth i gyd, 'mi ddo i ...'

A dwi'n teimlo 'i chorff hi'n trymhau yn 'n erbyn i. Dwi'n llithro'n hun o'i hochor hi. A'i gollwng hi'n ara', dawal i'r soffa.

Mi fydd hi'n Bach 'fory. Yr *Aria* o'r *Goldberg*. Drosodd a throsodd.

Edrychodd drwy ffenestr Tŷ Coch. Curodd yn ysgafn ar y gwydr. Cododd Rachel ei bawd arno. Agorodd yntau ei geg led y pen i ddangos yr ogof wag, ddugoch iddi. Cododd ei het porc pei iddi yn hynod o foesgar. Ond yr oedd Rachel yn cysgu'n drwm erbyn hynny, y gwydr wisgi'n llac yn ei llaw, yn wag, yn codi a gostwng ar ymchwydd ei bron, a phob math o siapiau yn ffeirio lle â'i gilydd yn ei hymennydd er nad oedd hi'n ymwybodol ohonynt. Diolch am hynny, mae'n debyg.

●

'Gei di sbeuna'n iawn wedi i mi fynd,' ddudodd hi'r gyda'r nos honno yn codi'r bocs o lythyrau caru wedi i mi wneud 'y nghyfaddefiad am y tro cynta 'rioed y bore hwnnw ar lan yr afon, 'dyma ti'r dystiolaeth amdana i yldi.'

Heno dwi'n darllan yn ei dyddlyfr:

'Wedi dinistrio llythyrau caru A. i gyd. Hwyrach mai darllen y frawddeg gïaidd, telegraphic a barodd i mi wneud: "I've found you out. Christ!"'

Wedyn mae hi wedi sgwennu hyn:

'Ffurf ar wallgofrwydd ydy cariad. Mae'r ymadrodd *syrthio mewn cariad* yn un cywir. Syrthio mae rhywun. Syrthio o lawr uchaf rhesymoldeb. Syrthio drwy ffenestr agored ...

'Ar ôl y syrthio rhaid wrth y codi. Codi o gariad. Y dadrithio; gweld yr un arall nid fel rhywun unigryw ond fel pawb arall. Nid un o fil ond un o blith y mil. Methodd A. fyw hefo'r dadrithiad. Felly fe'm gadawodd er mwyn medru profi eto wallgofrwydd y syrthio mewn cariad hefo rhywun arall. Ni wn ei hanes bellach ond mi allaf fentro y bydd A. wedi parhau yn y syrthio di-fudd hwnnw weddill ei ddyddiau. Duw a helpo unrhyw un a fydd yn ddigon anffodus i ganfod ei hun yn wrthrych i'w syrthio. Fe gaiff ei chlwyfo'n fawr. Mae cyd-fyw, magu teulu, pleserau bychain ac achlysurol y dyddiol-beunyddiol, y dasg o ofalu am rywun arall, yr ymrwymiad i'r llall y mae'n rhaid ei wneud o ddydd i ddydd, weithiau o awr i awr, yn hollol ddibynnol ar y symudiad cwbl anhepgorol o'r syrthio gwallgof, cychwynnol i'r dadrithiad angenrheidiol. Y mae unrhyw berthynas sy'n mynd i barhau yn seiliedig ar y dadrithiad yna. Cariad yw dod i arfer hefo rhywun arall, a chyd-rannu cyfres o arferion a defodau bychain sydd gyda'r blynyddoedd wedi diffinio'r naill i'r llall.'

Trwy'r geiriau y mae hi wedi rhoi llinell goch, gadarn debyg i graith ar hyd y papur o 'mlaen i. Fel petai gwybod hyn wedi bod yn ormod iddi. Neu ddim yn ddigon iddi. Oherwydd mai'r hyn yr oedd hi ei angen mewn gwirionedd, fel ni gyd, oedd y profiad chwareus, heintus ac – ia! – peryglus o 'syrthio'.

●

Yno roedd Myrr Alaw ar ganol y llawr – Rachel y bore 'ma yn amlwg 'ynddyn nhw', fel roedd hi – yn amlach? – y dyddia yma, fel petai rhwbath yn bod, a'r syllu hwnnw i berfeddion rhwbath-neu'i-gilydd, finna wedi dŵad yma ar fora mor braf hefo fy llyfr i ddarllen, yn sbio i'w chyfeiriad dros ymyl y llyfr bob yn hyn a hyn jysd rhag ofn, ac yno roedd Myrr Alaw ar ganol y llawr heb i'r un o'r ddwy ohono ni sylweddoli, ei dwy fraich yn estynedig o'i blaen ac yn gorwedd ar ei dwy law fel rhyw offrwm i'r duwia' y byji marw, a ma hi'n deud fwy wrth Rachel nag wrtha i:

'Cnebrwn i hwn.'

Mi ddaeth y gofyniad annisgwyl yna â Rachel yn ôl i dir y byw o ryw le pell iawn, a chan gogio bach rhyw gydymdeimlad digon annwyl ond hollol anniffuant o'n i'n gwbod yn iawn, mae hi'n deud:

'O! 'dyo 'di marw, Myrr Alaw?'

Myrr Alaw wedyn yn creu rhyw grychu hyd ei gwynab, ei thrwyn, ei haeliau cystal â deud: 'Wel ydy siŵr iawn, y ddynas wirion.'

Dw i'n gosod *Little Dorritt* yn do bach ar fraich y gadar.

'Sdeddwch, Myrr Alaw,' ma' Rachel yn ei ddeud.

Oes 'na ddim rhyw or-wneud yn digwydd yn fa'ma, dwi'n 'i feddwl?

'Odd gan byji enw?'

O'i hista a thrwy'r agen rhwng ei breichia' sy'n dal yn estynedig ac yn uwch i fyny, 'Oes,' mae Myrr Alaw yn ei ddeud.

'A?' hola Rachel.

'Byji,' mae Myrr Alaw yn ei atab ac wrth atab mae Byji yn syrthio o'i d'ylo i'r llawr.

Mae Rachel yn tynnu ei hanadl yn ôl ac yn rhyddhau O! ar frig yr anadl.

Gan edrach yn amheus ar Rachel,

''Dyom 'di brifo 'chi,' mae Myrr Alaw yn ei ddeud.

'Da ni'n tair, dwi wedi codi o'n set rŵan, yn edrach i lawr ar y byji glas a melyn ei blu, un lygad fel cyraintj ar agor yn gweld dim yn sbio arno ni.

Cnebrwn yr oedd hi wedi ei ddeud, ond nid oedd cynhebrwng o reidrwydd yn golygu claddu, felly:

'Myrr Alaw,' meddai Rachel, 'be' petai ni'n gollwng Byji i'r afon mewn cwch?'

Edrychodd Myrr Alaw yn daer ar Rachel, ei hedrychiad rhywsut yn hwfro ymennydd y wraig hon o'i blaen.

Ma hi'n edrach arna i rŵan ond hefo llai o chwilfrydedd – llai o ddiddordeb?

Edrychodd ar Rachel yn ôl ac ysgwyd ei phen yn araf bach i gytuno.

Clapiodd Rachel ei dwy law hefo'i gilydd mewn rhyw fath o orfoledd – gorfoledd? –

'Dwi am fynd i neud y gwch, Myrr Alaw. Ydy hynny'n iawn?'

Yn daerach yr edrychodd Myrr Alaw arni a chododd yn y man ei hysgwyddau fel i ddweud: 'Iawn fo fi de.'

'Reit ta!' meddai Rachel a hanner sgipiodd o fath i'r ardd.

'Well ni godi o odd'ar lawr?' dwi'n 'i ddeud wrth Myrr Alaw.

Mae Myrr Alaw yn sbio arna i a'i golygon hi'n deud: 'Codwch o ta.'

Dwi'n gneud. A dwi'n teimlo'i feddalwch pluog o'n plygu dros ymyl 'n llaw i 'run fath yn union â chodi pâr o socs o'u lle yn Debnams.

'Lle rown ni fo am rŵan?' dwi'n 'i ofyn i Myrr Alaw.

Ond y mae hi rŵan o flaen y llun gan Bacon yn edrych â'r un taerineb ag a welis i ar 'i gwynab hi gynna.

'W't ti'n licio hwnna?' dwi'n holi.

'Ma gwynab y dyn 'na'n toddi,' mae hi'n atab, yn pwyntio at y llun, 'dwisho droinio rŵan.'

Dwi'n rhoid byji i orffwys am funud ar gaead y piano a mynd i chwilio am be' bynnag sy' ar gael i alluogi Myrr Alaw i ddroinio. Ond mae Myrr Alaw eisoes wedi dechra sbeuna.

'Be' 'di hwn?' mae hi'n ofyn.

Mae raid mod i 'di cochi. A mae hi'n rhoid y teclyn yn ôl o dan y glustog.

'Wn i be' dyo,' mae hi'n 'i ddeud yn hollol ddi-hid, 'dwi 'di gweld un o' blaen.'

Test i mi oedd hwnna felly?

Dwi'n rhyw hannar troi i edrach drw'r ffenasd, ond does na'm sein o Rachel. Wrth droi'n ôl dwi'n gweld Myrr Alaw yn agor drôr y gwn. 'Ffw..,' dwi'n clwad 'n hun yn dechra' 'i ddeud. Ond y mae'r drôr wedi ei hagor a Myrr Alaw yn piffian chwerthin. Dwi'n edrach hefo hi. A dan ni'n dwy 'n gweld tua igian ballu o llgada tjeni'n woblo 'n eu hunman.

'Digri,' ma' hi'n 'i ddeud.

A ma hi'n cau'r drôr, y llgada'n clecian yn erbyn ei gilydd wrth iddi hi 'neud.

'Ty'd yma, Myrr Alaw,' dwi'n 'i ddeud yn cofio am yr anifeiliaid bychan, ifori.

Yn fwriadol yn ara' yr ydw i yn agor y drôr gan sbio ar wynab Myrr Alaw ar yr un pryd. Fe wêl hitha' y siapiau claerwyn yn ymddangos o dduwch y drôr yn ara' bach. Fe wela i ryfeddod fel gola'n meddiannu 'i gwynab hi, a'r rhyfeddod yn magu O!

hir ohoni. Mae hi'n sbio arna i a dw inna yn ysgwyd 'y mhen i ddeud wrth gwrs fod o'n iawn i ti dwtjad. Ond hofran 'i llaw uwchben ma hi'n 'i neud. Mae hi'n sbio arna i eto. Cei, dwi'n 'i ddeud. A ma hi'n dwyn epa i'r fei rhwng ei bys a bawd.

'Helo,' medda hi wrth yr epa.

'Helo, Myrr Alaw,' mae hi'n ail-adrodd yr hyn yr oedd yr epa newydd ei ddeud wrthi hi.

'Wyth oed jysd yn naw,' mae hi'n atab yr epa.

'Dwi'm yn meddwl de, ond ella,' yn atab cwestiwn arall nad oedd hi'n bosibl i neb hŷn nag wyth oed jysd yn naw ei glywad heb sôn am ei ddalld a medru ei atab yn gall.

'Na – na siŵr, ond paid â deud wrth neb,' mae hi'n 'i ddeud wrth roi'r epa'n ôl yn dawel, dawel.

Mae hi'n hel 'n llaw i o ffor' a chau'r drôr ei hun.

'Cwch!' meddai Rachel o'r tu ôl i ni, yn amlwg wedi bod yn sbio arno ni ers meityn, gan ddal rhwng ei d'ylo y 'gwch' – a fedrai hefyd o ongl wahanol fod yn 'het' – wedi ei gwneud o wiail wedi eu plethu, a dail a bloda' a ballu wedi eu stwffio i'r agennau, 'Neith hi, Myrr Alaw?'

Mae Myrr Alaw yn ysgwyd ei phen yn ara' bach fel o'r blaen, i fynegi rhwbath rhwng angrhediniaeth a mi-neith-y tro.

''Newch chi,' meddai Myrr Alaw ar lan yr afon wedi iddi hi wrthod cynnig Rachel i ollwng y gwch a'i marsiandïaeth i'r llif.

A mae'r dair ohono' ni ar y dorlan, Myrr Alaw wedi dŵad rhyngtho ni'n dwy er mwyn medru dal 'n d'ylo ni, yn edrach ar y gwch yn gryndod o symudiadau herciog, bychain, yna rhyw droelli cyflym ddwywaith dair cyn gwyro fymryn i un ochor – byji bellach yn doman dail – a wedyn chwalu'n ulw, y gwiail a'r dail a'r bloda' yn bobian i gyfeiriadau gwahanol i'w gilydd. Dim ond y fi dwi'n meddwl sy'n gweld fod byji'n sdyc rhwng dwy garrag, ac yn codi i fyny a lawr yn las tywyll a glas golau ar yn ail ar wyneb y dŵr. Dwi'n sylwi hefyd fod Rachel wedi closio fwy-fwy at Myrr Alaw fel petai hi wedi darganfod rhyw angen ynddi i fod yn agos at ddiniweidrwydd eto a chanfod y meddalwch mewn petha'. Ond hwrach mai jysd meddwl hynny ydw i. Dwi'n sylweddoli hefyd nad ydw i yn teimlo dim byd. Ddylswn i?

Mae 'na gadair yn mynd heibio ni ar y lli' ar wastad 'i chefn yn y dŵr a'i choesau yn yr awyr. Mae Myrr Alaw wedi 'i gweld hi hefyd, a mae hi'n dechra' chwerthin, Sbiwch! mae hi'n 'i ddeud. Mae hi'n tynnu yn llaw Rachel.

'Dwisho droinio rŵan.'

Fel petai'r gadair a'i hystum anarferol wedi deffro'r dyhead ynddi.

'Wel, mi ra' i i nôl petha i ti o'r tŷ ta, a mi awn ni am dro ar hyd yr afon, a mi gei di dynnu llunia' fel fynnot ti. Ia? Egwyl?'

Ond dwi'n teimlo fod rhwbath wedi mynd i mewn i mi, a rhwbath arall wedi dŵad allan ohono i. Nes creu rhyw gymhelri yno i.

Weithiau ffyrnigai'r afon gan wibio heibio fel strap lledr, brown yn cael ei dynnu ar hast ac mewn un symudiad chwim gan law hegar oddi am ganol y dyn a wedyn y curo'n digwydd. Waldiai'r afon ei hun yn erbyn y meini. Ac ewynnu. Fel dyn yn ei gynddaredd yn malu'r ewyn. Cynddaredd yn chwilio am wrthrych. Cynddaredd er ei fwyn ei hun.

Fel petai amsar wedi mynd heibio a finna ddim callach, mae Rachel o 'mlaen i, bron yn 'y ngwynab i – am y tro cynta' 'rioed dwi'n sylwi ar las dyfrlliw, egwan, glas bron-ar-ddiflannu ei llgada hi a hynny'n creu yno 'i yr ymdeimlad o harddwch a phrydferthwch drw'r byd i gyd – yn dal yn ei llaw ddeilen a rhyw liw anarferol yn rhedag drwyddi, rhyw felyn yn toddi i liw nad ydy o cweit yn oren, ddim cweit yn frown 'chwaith a mae hi'n 'i rhoid hi i mi, a deud: 'Trysor!' Dw inna'n derbyn.

Mae hi'n nodio'i phen i ryw fan sy' dros f'ysgwydd i. Wedi troi i edrach mi wela i Myrr Alaw yn ista ar foncyff yn droinio ffwl sbîd yr anghenfil sydd o'i blaen hi: ei gefn o'n codi ar wythgoes o frigau, ei groen o gen a mwsogl, rhedyn ei fwng yn disgyn dros dwll du un lygad, yr hollt yn y gangen friw yn safn agored sy'n udo pethau ofnadwy i'r goedlan gyfagos, ei dagell o gaws llyffant yn madru.

'Ma' hi wrth 'i bodd. A thalent cynhenid,' ma' Rachel yn ei ddeud, ar yr un pryd yn tynnu o du ôl i'w chefn lle roedd hi wedi ei guddiad o yn ei llaw ddarn bychan o bren siâp cwlwm wedi ei lyfnu gan wlybaniaeth blynyddoedd, a'i roi o i mi, a deud eto: 'Trysor!'

Dw inna'n derbyn eto.

'Da ni'n dwy'n troi i edrach ar yr afon.

'Ma' pawb ar lan afon sdi,' ma' hi'n 'i ddeud, 'dim otj faint 'di hoed nhw, na lle ma' nhw, na be' ma' nhw'n 'i neud.'

Dwi'n penderfynu mod i'n llawar rhy ifanc i ryw fetafforau cachlyd fela. A fel petai hi wedi dalld hynny ma' hi'n deud:

'Dwi'n cofio sdi y tro cynta i mi fod ar ben dyn. Fy holl gnawd i yn llythrennol yn llifeiriant. Wyddosd di?'

Cwestiwn dybad? Cwestiwn i mi? Wn i ddim. Ond dwi'n penderfynu 'i drin o fel cwestiwn a rhoi atab:

'Ddo' i byth i wbod, oherwydd nid at ddynion yr ydw i yn cael fy nenu.'

O'n blaena' mewn dŵr llonydd sydd wedi ei ddal yn loyw rhwng dwy graig, gwelwn gylch bychan araul yn ymestyn yn gylchoedd llydan, yn hwla-hwps o oleuni, a'r brithyll a'u creodd o'r golwg yn y dyfnder yn ôl. Nid oeddwn wedi sefyll yn noethlymun o flaen dynas arall ond yn fy nychymyg. Ond mi wn i pan ddigwyddith o y bydd o'n rhwbath braf iawn. Wrth ddeud yr hyn ddudas i wrth Rachel hwyrach mod i wedi dechra' tynnu amdana' yn gyhoeddus.

'Wn i,' mae Rachel yn ei ddeud ac yn dal 'i llaw am allan er mwyn i mi roi'r cwlwm bychan o bren yn ôl iddi.

Ar y ffordd yn ôl a bron yn rhwystr ar y llwybr yr oedd arwydd wedi ei osod, arwydd nad oedd yna ynghynt.

Darllenwn:

Donash Leisure Ltd
'Something to die for on the Diefor!'
Donash Leisure Ltd plan to erect a tasteful, up-market holiday complex on the banks of the river Diefor.

The complex will include yurts, sweat lodges, meditation teepees, accommodation in eco-friendly cabins.
Everything will be energy-powered by the river itself.
A public presentation of the project with local consultation Friday, October 8th, 6.30p.m.

'Be' ma feddwl?' medda Myrr Alaw.

'Fod 'na hen Saeson yn bwriadu dwyn yr afon,' dwi'n 'i ddeud.

'Fedrwch chi ddim dwyn afon siŵr, 'chos fedrwch chi 'im mynd â hi i numlla ond lle ma' hi,' medda' hi yn mynd yn ei blaen o'r ffasiwn lol.

'Something to die for on the Diefor,' dwi'n ei ynganu'n uchal, a'r chwerwder yn amlwg yn fy llais i, oherwydd cam cynta pob gwladychwr drw' gydol hanas fu newid enwa' lleoedd i'w hiaith 'u hunan. Newid enwa' ydy'r drws i bob dim arall. Mi fedrwn i 'u lladd nhw.

'Fedrat ti?' ma' Rachel yn ei holi.

Fedrwn i?

Dwi'n gweld fod ei chysgod hi o'i blaen hi'n anfarth oherwydd haul isel hwyr y dydd nes gneud i riwin feddwl fod ei sylwedd hi'n gyfan gwbwl yn ei chysgod ac nid ynddi hi. Dwi'n symud i'r ochor a daw nghysgod i allan o'i chysgod hi. Ond wrth gerddad am ymlaen mae'r cysgodion yn uno eto.

Fedrwn i?

●

Yr oedd hi wedi gadael bocs â fy enw i ar y caead. Pryd drefnodd hi hynny dybad? Faint yn ôl cyn ei marw? Sut gwyddai hi y duthwn i ar 'i draws o? Sut gwyddai hi unrhyw beth?

Dwi'n codi'r caead.

Fi anfonodd y cerdyn post iddi hi. Dudwyd wrtha i y byddai gweld yr arddangosfa benodol honno yn y Tate yn Lerpwl yn help hefo fy nhraethawd. A wedi mi fynd yr holl ffor' benderfynu mai rhyw gysylltiad digon hyd braich oedd 'na rhwng pwnc fy nhraethawd i a'r ddau lun y dywedwyd wrtha i 'fod yn rhaid i chi eu gweld nhw, Egwyl.' Academyddion! Llun mewn arddangosfa arall nad oedd a wnelo fo ddim â'r blincin traethawd estynedig a aeth â mryd i. Un fel 'na ydw i ac wedi bod erioed yn symud yn rhy rwydd o lawar oddi wrth y peth sydd i fod i gael fy holl sylw i at rwbath arall llawer mwy diddorol ar y pryd. Dwi'n byw ar chwit-chwatrwydd. A phan welis i'r llun arall hwnnw gynta, 'Rachel!' medda fi'n uchal dwi'n meddwl oherwydd i'r gwarchodwr godi ci ben i edrach arna i – Rachel! Ymchwydd ei chlun o dan y bais sy'n glynyd ynddi yn fryn o flys. Hithau'n gorwedd ar groen llewpard – a roddodd i'r llun ei enw – ei phais yn llifo rhwng ei phenglin a'i phenelin i ddatgelu ond nid i ddangos ei bron lawn. Mae top 'i hosan hi'n goch, a'r cochni hwnnw yn 'ch danfon chi at gochni llawar trymach y defnydd o dani hi – os mai defnydd ydy o gan 'i fod o'n debycach i waedlif mawr – a'r holl gochni rhywsut yn cynnull ei hun i gochni gofalus lupstic ei gwefusa hi, ond hwyrach nad lupstic ydy o, hwyrach iddi hi roi ei gwefusa' yn ei gwaed ei hun a sugno, drachtio. Ffrinj – jysd fel Rachel! – ei gwallt byr yn cuddio ei thalcen a bron yn cyffwrdd ei dwy lygad siâp almon – fel Rachel eto! Ei llaw dde yw'r peth. Llaw? Debycach i grafanc yn ymwthio o'r croen llewpard fel petai rhywsut yn perthyn i rywun arall o'r golwg. Ei llaw arall o dan ei gên yn dal 'i phen hi ac unrhyw eiliad fe dybiech yn mynd i godi'r pen yn llwyr rydd o weddill y corff. Yn y cefn tu ôl iddi hi, yn dŵad i'r fei o ryw ddefnydd melfedaidd trwm, tywyll, stormus, yn ysgyrnygu, ei lygid o'n dân, mae'r llewpard ei hun. A fedrwch chi ddim peidio mynd nôl a blaen o lygid Rachel – oherwydd dyna pwy oedd hi, yr o'n i yn gwbod – i lygid y llewpard. Y llewpard odd 'i henaid hi wedi dengid o'i chorff hi. A mi brynis boscard o'r llun. A sgwennu ar y cefn: Chi Rachel! X a'i bostio fo iddi hi. Wedi cael hyd iddo fo eto yn y bocs rŵan, mae hi wedi croesi hynny allan a dw inna heno'n darllan: Chdi Egwyl! X Pryd nath hi hynny dybad? Pryd ddath hi i wbod?

Yn gorwadd ar y poscard o'r llun gin Otto Dix, yr oedd hi

wedi gosod y cwlwm hwnnw o bren y cafodd hi hyd iddo fo y pnawn hwnnw – y pnawn hwnnw y dois i i wbod popeth – ar lan yr afon. Wedi mynd â fo i rwla at riwin i gael 'i weithio'n addurn, cerfio fymryn lle roedd raid, a'i lyfnu a'i farneisio'n ysgafn a'i osod ar gadwyn.

Pam na fydda hi wedi ei roid o i mi'n gynt? Be' wydda hi na wyddwn i?

Dwi'n clymu'r gadwyn am 'y ngwddw. A ma'r addurn yn gorffwys yn union ar fy nghalon i.

●

'There you are,' meddai'r dyn yn dangos y llun yr oedd o wedi ei osod ar y wal yn lle'r Bacon, 'you asked for A Bar at the Folies-Bergère. We always try to oblige. "Get it for her" she said.'

'Is that the real one?' holodd Rachel gan wincio arno.

'If it isn't, could you tell the difference?'

Craffodd Rachel ar y llun.

'Those clementines are inedible,' meddai, 'in the real one you can reach in, pick one and peel it.'

'But you told me before, it was the woman's gaze you liked. Haunted you, you said. Who is she really looking at? you said.'

'You're mis-remembering,' ebe Rachel, 'it was always the clementines. I said the clementines.'

'Anyway, you've got it now. But not for keeps. Any chance?' meddai yn rhwbio ei falog yn araf.

'I'm celibate these days,' ebe Rachel, 'I'm a nun. So none for you.'

'Shame. We're thinking of moving you. You can't stay here when some leisure complex is taking shape all around you. The deal for you was somewhere out of the way. Somewhere that was significant to you once long, long ago. We agreed to that. Although she had her doubts. Where you'd never be found. That's coming to an end don't you think?'

'I'm not moving with this thing galloping inside me.'

'So what do you suggest?'

'Cut the head off and the body dies. I'll deal with it.'

'Do it neatly.'

'As always ...'

'Not always, no,' meddai'r dyn, 'you botched ...'

'No one could have foreseen she'd bring her daughter. I made amends.'

'How?'

'I made amends. All you need to know,' meddai Rachel yn cerdded i'r ystafell wely, 'come on then. I'm not celibate any longer.'

●

Mae'n rhaid fod Mair Eluned wedi ngweld i drwy'r twll sbei neu fydda hi fyth wedi deud ar ei hunion pan agorodd hi'r drws:

'Witjia, ma' gin i wnidog Methodus part-teim heb 'im byd amdano i fyny'n lloffd. Nagoes! Ty'd i mewn.'

Gorfu i Egwyl ail-edrych ar enw'r tŷ. Fe'i harweiniwyd i feddwl mai *Silent Night* oedd o, ond *Tawelfan* a ddarllenai ar y lechen wrth gamu dros y rhiniog y pnawn hwn.

Dwi'n edrach o gwmpas y stafell fyw. Ond braidd yn rhy amlwg ma raid, oherwydd: 'Be' sy?' mae Mair Eluned yn ei ddeud, 'chwilio am betha Dolig w't ti? O'n i ddim yn meddwl 'sa ti o bawb fatha'r resd ohonyn nhw rownd lle 'ma. Ganol Janiwri un tro arna i'n tynnu trimins Dolig i lawr – wyddosd di fel ma hi amball flwyddyn – a byth wedyn ma'r tŷ 'ma 'di bod yn Ddolig pyrmanent yn nychymyg wôrpd y lle 'ma. A Myrr Alaw yn cal 'i phiwsio ar iard rysgol oherwydd bod gyni hi gath, medda nhw, o'r enw Thus. Ond ma hi'n medru dal 'i thir sdi a rhoi wat ffor. A tasa nhw mond yn gwbod, shòrt am Miriam ydy'r Myrr. Sdedda ar y Santa slej ond soffa ydy hi i bobol normal tasa na rei i'w ca'l rownd lle ma. Be tisho yma eniwe?' A ma hi'n edrach arna i'n gellweirus. 'Paid â deud!' medda hi.

Ond yr hyn yr ydw i'n 'i ddeud yn ôl ydy: 'Chi ddudodd 'tha i am alw rwbrud.'

'Ma pawb yn deud hynny dydi, ond do's 'na neb yn 'i feddwl o siŵr. Meddwl o'n i dy fod ti 'di dŵad yma oherwydd dy fam.'

'Mam!' dwi'n 'i ddeud fel petawn i wedi darganfod y gair am y tro cynta' 'rioed.

'Ia, dy fam. Honno roddodd enedigaeth i ti. Galw ddaru hi ba ddwrnod i holi os o'n i'n meddwl mai 'run un odd dy dad di a tad Myrr Alaw. Chdi gynta, medda fi wrthi hi. A mi roddodd enw.'

'A?' dwi'n 'i ddeud rwla rhwng ofn gwbod ac isho cadarnhad.

'Gwranda, a dwi'n deud 'run peth wrtha ti ag y dudish i wrthi hi. Os wt ti'n edrach ar gar ar ôl car yn mynd i mewn i dwnal 'dos 'na'm disgwl i ti gofio nymbyr plet 'run ohonyn nhw. Dalld be sgin i?'

Dwi meddwl mod i dwi'n 'i ddeud wrtha fi'n hun, ond wrthi hi: 'Ond pam fydda hi wedi gofyn hynny rŵan?'

'Oherwydd iddi hi dy weld di a Myrr Alaw hefo'ch gilydd riw ddiwrnod.'

'Ond tyda ni'm byd tebyg i'n gilydd.'

'Duw!' ma Mair Eluned yn 'i ddeud yn syth bin, 'ma 'na rwbath nyrfys, ofn pawb ar dy fam 'di bod erioed. Ond fuo bron iddyn nhw fynd â hi oddi arna i sdi. Oni bai am y shoshal wyrcyr bach 'na, 'sa hi ddim yma rŵan.'

'Ddigwyddodd hynny 'rioed i mam,' dwi'n 'i ddeud a thôn y deud dwi'n amgyffred wrth 'i ddeud o yn gosod gagendor pendant rhyngtho ni. Ond dwi'n difaru dim.

'Wel naddo siŵr dduw,' ma hi'n 'i ddeud fel petai hi'n edrach i lawr arna i – dyna'i thôn hi, 'ma' hi a'i thebyg 'rochor iawn i'r ffens ariannol. A'i bysidd hi'n rhedag ar hyd biano'n hytrach na rhedag ar hyd petha erill. Ond ma gin i fwy o bres na neb ohono chi rownd lle 'ma. Banc dan gwely. I gyd ar gyfar Myrr Alaw a'i choleg. Gofalu bydd hi'n gadal fa'ma. Dwi'n dal at yr hen werthoedd weldi. Well mi fynd yn ôl at y gwnidog dwi meddwl.'

Sgwrs ar ben felly.

A dwi'n edrach arni hi o 'mlaen i'n gorwadd ar y soffa arall, a dwi bron â deud wrthi hi, ond dduda i ddim, ei bod hi 'run ffunud â'r ddynas welis i mewn llun gan Otto Dix yn Tate, Lerpwl 'chydig yn ôl, ymchwydd ei chlun yn fryncyn o ddyhead.

'Ond cyn ti fynd,' mae hi'n ail-gychwyn, 'wst ti'r ddynas 'ma w't ti a Myrr Alaw yn byw a bod hefo hi? Dy fam yn poeni braidd, gyda llaw. 'Harris' ydy snâm hi ia? O'n i'n lle docdor am y mynthly tjec-yp a mi alwon ar 'Mrs Harris' a hi gododd.'

'Ia,' dwi'n cymryd arna gwbod, 'Harris ydy hi.'

. 'Ma dy fam a fi 'di bod yn cysidro sdi. Wyddos di fel ti'n medru gweld yr hogan ifanc yn y ddynas hŷn? Ond naill ai cwt gŷl-gaids neu dents yr efengýls bob ha' hyd lle 'ma sdalwm. Un ohonyn nhw, ma' dy fam a fi'n confunsd. Gŷl gaid neu efengýl. Pan ddudis i hynny wrth dy fam mi dwigiodd hitha hefyd. Dwi'n dŵad rŵan! Ma' hi ar fynd,' mae hi'n 'i weiddi i'r siling a wincio arna i.

Dwi'n codi.

Ond tydy hi ddim.

'Tyd eto de,' ma hi'n 'i ddeud o'i gorweddian, 'a chofia ma' pob dim sy'n digwydd yn fa'ma yn aros yn fa'ma.'

'Dwn 'im be' da chi'n feddwl wir, Mair Eluned,' dwi'n 'i ddeud.

'W't mi rwt ti,' ma hi'n 'i ddeud, 'a phan ddoi di tro nesa mi gei di ddeud wrtha i go iawn pam dois di heddiw. A gyda llaw, mi fedar dy fam neud yn well na'r boi 'na ma hi'n gyboli hefo fo. Mi fedri gau'r drws ar d'ôl yn medri? Dwi am aros yn fa'ma am 'chydig a gadal i'r parchedig boethi dipyn bach mwy.'

Fel petai ngwynab i yn feddiannol ar ei ewyllys ei hun dwi'n teimlo gwên lydan yn ffurfio drosto.

'Cyn ti fynd,' ma hi'n 'i ddeud yn cychwyn ar betha eto, 'sgin ti'm isho bocs neu ddau o Reis Crusbis mwn nag oes? Neu dy fam?'

Ond fi tro 'ma sy'n cymryd yr awena'. Dwi'n gadal drwy ysgwyd fy mhen a chwifio bysidd fy llaw y mymryn lleia' arni hi.

''Rhogan!' ma' hi'n 'i ddeud.

Ia, dwi'n edrach eto i fod yn berffaith siŵr, Tawelfan ydy enw'r tŷ.

Rachel yn gŷl geid neu'n efengýl! dwi'n 'i ddeud wrtha fi'n hun wrth fynd i lawr y llwybr. Dwnim p'run sy' waetha.

●

Heno dwi'n darllen pytiau o'i llyfr nodiadau:

'Peidiodd byd rhagluniaeth a daeth byd cyd-ddigwyddiadau i gymryd ei le.'

'Oddi tanom ni simsanrwydd sydd yna. Cerdded ar ddŵr neu ar aer a'u camgymryd nhw am solatrwydd. Y cwestiwn cudd y mae pawb yn ei ofyn mewn rhyw ffordd neu'i gilydd, yn hyglyw neu yn y dirgel yw: sut y medra i gadw fy hun rhag anobaith heb ildio i ffiloreg chwedlau a chysuron ffug hen fythau?'

'Hawdd iawn ydy medru bod yn stoicaidd pan wyt ti'n iach a'r byd drwyddo draw yn glên. Athroniaeth i'r da eu byd ydyw. Peth arall hollol yw hi os tlawd ydwyt, neu'n clafychu ac yn gwaelu. Bryd hynny: "Dowch i mewn i'm byd, y duwiau oll," yw hi.'

Yn ôl ei harfer y mae hi wedi croesi allan bob un o'r 'myfyrdodau' fel petai eu cynnwys wrth iddi eu darllen eto yn embaras llwyr iddi. Neu, tybed, oherwydd fod gwirionedd y cynnwys yn stwmp ar ei stumog.

Y mae hi wedi gwneud llun o gwdihŵ a thair ebychnod wrth ei hochor. Dim croesi allan tro 'ma. Dw inna'n cofio. Os mai at hynny, wrth gwrs, yr oedd hi'n cyfeirio wrth dynnu'r llun.

Cyfeirio at y bore hwnnw a hithau'n gyffro drwyddi.

'Ty'd i mewn a chau'r drws,' meddai, 'yn dynn!'

Gwthiais innau'r drws ond ni fedrwn ei wneud o'n dynnach nag ydoedd eisoes.

'Gwdihŵ yn sgrechian am oria' nithiwr,' meddai.

Edrychodd arnaf.

'Ia? A?' meddwn i.

'Gwdihŵ yn sgrechian yn y nos yn arwydd fod rhywun yn mynd i farw.'

Fe ddychrynais. Nid oherwydd rhyw blincin gwdihŵ ond oherwydd fod gwraig resymol fel Rachel – o leiaf dyna a fu hi erioed i mi, gwraig bwyllog, o un cam rhesymol i gam rhesymol arall – ei bod hi, Rachel, wedi medru dweud yr hyn a ddywedodd wrthyf, ond yn waeth fyth yn amlwg yn ei goelio. Gwenodd wên lydan.

'Tynnu dy goes di ydw i.'

Gwyddwn nad oedd hynny'n wir. Wedi gweld yr olwg ar y 'ngwyneb i oedd hi a dechra' bacpedlo.

Ond yr oedd rhywbeth wedi ei ddeffro o'i mewn hi ganol nos. Gwelais ei llaw yn tynhau am gornel y glustog ar y soffa lle roedd hi'n eistedd.

'Oedd gin ti isho rwbath?' meddai hi yn oeraidd braidd yn ceisio dŵad allan o'r lle hwnnw yr oedd hi wedi bod ynddo drwy gydol y nos ers iddi glywed y gwdihŵ.

Ar y foment honno ac ar fy llw ni allwn gofio pam yr oeddwn yn blygeiniol fel hyn yn sefyll o'i blaen a dywedais hynny.

'Ti'n gweld!' meddai hi, 'ti'n gweld!'

Hithau, mae'n debyg, yn ymhyfrydu am iddi gael hyd i ryw le o afresymoldeb ynof finnau.

Yr oeddwn, fodd bynnag, yn cofio'n iawn. Ond ar ôl wfftio'r gwdihŵ ni feiddiwn ddweud fy stori wrthi.

Cefais freuddwyd fy mod wedi ei gweld yn ei harch. Felly mi esh yn blygeiniol i edrych. Rhag ofn.

Yr oedd hi'n holliach gan fynnu sôn am gwdihŵ oedd wedi ei chadw ar ddi-hun drwy'r nos.

Ond mae hi'n dechra' chwerthin a chodi'n sydyn o'r felan yr oedd hi'n amlwg wedi bod ynddi hi – cysgu fawr oherwydd yr oedd bacsia duon o dan 'i llgada hi – a 'Gwranda!' medda hi, 'gan dy fod ti yma mor gynnar am ba bynnag reswm waeth i ni fanteisio ar hynny ddim a mynd am y dre. Dwi 'di bod isho gneud rhwbath ers hydion, a'i neud o hefo chdi. Mi rwyt ti'n barod am unrhyw beth bellach.'

'Be' 'lly?' dwi'n 'i holi.

'Rhyw fyrraeth. Gei weld. Mi gawn fŷs plant ysgol os brysiwn ni.'

'Ond sgin 'im côt,' dwi'n 'i ddeud yn hurt braidd.

'O! mi fydd. Mi fydd. Rŵan tyd. A mi gawn frecwast yn Dre. Dei owt i ni'n dwy.'

Dwi'n teimlo'n hun yn cael 'n nhynnu drwy'r drws gan frwdfrydedd sydyn y ddynes hon. A finna'n dilyn fel na phetai fod gin i ddewis arall ond dilyn.

'Ty'd,' meddai hi, 'neu mi gollwn y bŷs.' A dwi'n sylweddoli mai un o'r petha casa gin i ydy bod yn oedolyn ar fŷs sy'n llawn o blant ysgol. A fel petai hi wedi darllen 'y meddwl i, meddai hi: 'Dwyt ti ddim yn selff conshys nagwt?' Hynny, dybad, wnaeth i mi fod yn fwy blin nag oeddwm i'n barod? Ynta' dirnad yn sydyn fod arwyddion Donash Leisure Ltd yn hysbysebu ei 'Public Meeting – Come and Enjoy the Fun' wedi eu hoelio i foncyff bron pob coeden ar hyd llwybr yr afon oedd yn gyfrifol am 'n nhymer drwg i? Yn 'y nghythral dwi'n neidio am i fyny i drïo cipio un o'r seins ond mae o'n rhy uchal. Ond mae 'na un arall ar goedan arall sy'n is lawr a dwi'n 'i rigo fo o'r hoelan a rhoid fflich ffrisbi iddo fo i li'r afon – a dwi'n sylwi fod yr afon wedi codi ar ôl yr holl law, a mae hi'n hen lwyd tew, ych-a-fi fel petai hi'n dynwarad sut dwi'n teimlo erbyn hyn.

'Tempar!' meddai Rachel.

Hynny gnath hi mwn. 'Ffycin hel,' dwi'n 'i weiddi wedi sefyll yn stond, yn plygu am ymlaen, y 'mreichia' i'n syth tu ôl i mi fel adenydd-di-ddim iâr, 'os daw rhein i fa'ma, mi fyddwch chi a'r petha da chi 'di ddwyn o god-nos-wer yn yr afon hefyd byddan!'

'Tempar!' medda hi eto i nghynddeiriogi fi fwyfwy.

Ond nid geiriau sy'n dŵad allan tro 'ma ond rhyw sŵn tebyg i pan da chi 'di gor-ysgwyd potal côc a wedyn agor y caead yn rhy sydyn.

A ma hi'n gafael amdana i.

'Shht!' mae hi'n 'i ddeud yn dawal, 'dwi ddim yn symud i neb. 'Rioed wedi gneud. 'Nenwedig i ryw ontropynyrs ceiniog a dima'.'

A mae hynny rwsud yn rhoid caead ar betha'. Fel petai yna yn Rachel ryw awdurdod y mae rhywun yn crefu amdano fo.

Oes 'na rwbath gwaeth na llond bỳs ar ddwrnod gwlyb? Rhyw wlybaniaeth cynnes – y cynnes anghynnes 'na y mae llefrith cynnes a chroen ar ei wyneb o rhywfodd yn ei ddal a'i ddiffinio; neu ddillad tamp ar radiaityr mewn 'stafell fach – yn ein hamgylchynu ni.

Pawb yn gwingo nes creu y sŵn rhigo felcro 'na wrth i'r cotia' glaw ymryddhau o gefnau plastig y seddau. A ma' un ymyl o'n nics i wedi mynd i rych 'y nhin i a fedra i 'neud dim am y peth a fedra i'm chwaith ond peidio â chanolbwyntio ar y teimlad nes 'i fod o'n annioddefol. Yr un hogyn 'ma'n sderio arna i, dw inna'n gneud migmas arno fo a mae o'n troi at y llall sydd wrth 'i ochor o a rŵan ma' 'na ddau yn sderio arna i. A bellach ma' 'na rwbath fel bytalion o forgrug yn symud yn araf drwy rych 'y nhin i. Bryd hynny nesh i sylweddoli fod y rhan fwya o rhein yn siarad Susnag? Ma' raid fod Rachel wedi clwad hefyd oherwydd mae hi'n troi ata i i sibrwd: 'Dwyieithrwydd yn gweithio felly.' Dwi'n trïo gwenu ond diymadferthedd sydd yno i, rhyw deimlad fod rhywbeth wedi ildio flynyddoedd lawer yn ôl ond fod pawb ofn dweud hynny, neu ofn cydnabod hynny, neu'n waeth fyth ei guddiad o tu ôl i ryw obaith ffuantus, hapi-go-lyci. Dwi'n rhwbio'r angar o'r gwydr. A mi wela i yr ildio hwn hyd y caeau hyd yn oed: rhywbeth llipa, gwlyb fel petai chi'n rhoid 'ch llaw mewn hen gasgan a chodi o'r gwaelodion ddeiliach soeglyd; rhywbeth fcla oedd yr ildio yma, y diymadferthedd oedd wedi cipio cenedl gyfan. A mae 'na un morgrugyn ar ôl yn llythrennol yn tin-droi yno i. Dwisho sgrechian.

Wedi i'r plant adael i fynd i'w gwersi Cymraeg am y dydd, dwi'n agor y ffenasd, dim ond Rachel a fi bellach ar ôl, a gadael gwynt oer i mewn i chwalu'r aer llawn chwys ceseiliau. Aer stêl, llugoer. Llugoer, dwi'n 'i ddeud yn uchel, fel petawn i isho deud y gair eto fel rhyw brotest egwan. Mae Rachel yn sbio arna i.

Gwellodd pethau pan fu i Rachel ac Egwyl gyrraedd Dre'. O leiaf, teimlodd Egwyl yn well. Hwyrach mai dyna yw unig ddiben tref, ein pellhau oddi wrth natur, a chogio bach am dipyn ein bod ni'n wahanol i bob dim arall drwy ffeirio'r elfennol, egr – ein gwir natur, wrth reswm – am ryw soffistigedigrwydd – O! am air hyll fel y syniad ei hun – ffuantus. Medrai hyd yn oed hen dref fechan fel hon, Blaenau Seiont, gyflawni'r tric.

'Wel! 'da ni yma,' meddai Egwyl wrth Rachel ar y Maes, sŵn injan y bỳs yn diffodd y tu ôl iddyn nhw fel cynffon ochenaid, 'lle rŵan ta ar ôl yr holl ffỳs?'

Edrychodd Rachel ar ei watj.

''Dy hi ddim yn agor tan ddeg,' medda hi, 'felly mi rawn ni am Brecwast Hollol Afiach.'

Yn y fan a'r lle clywodd Egwyl ogla cig moch a chrac ŵy – dau ŵy! – ar ymyl y badell a'u hisian yn y saim. Ia! Ia! Hyn oedd ei hangen. Y cwbl yr oedd Rachel wedi ei wneud oedd enwi'r angen. Am rhy hir o lawer – a'r plât, plât mawr yn ei dychymyg nid un crwn ond un hirsgwar – trendi! – yn llenwi hefo mwy o betha': bara saim aur, tafell gyfa' yn drionglau; madarchen fawr fel llygad-ddu rhywun oedd wedi bod yn cwffio noson cynt – am yn rhy hir o lawer roedd hi wedi bod dan orthrwm tofu a theimlodd ei chydwybod llawn ffacbys a hwmys yn llacio'n llwyr. Gwelodd Rachel ei gweddnewidiad.

'Ffor hyn yli,' meddai wrthi'n llawn egni.

O'i blaen yn croesi'r Maes gwelodd Egwyl ferch o tua'r un oed â hi, ei gwallt yn cyhwfan yn anghyfreithlon yn y gwynt, ar gefn moped.

'Moto ... Beic ... Cacwn,' symudodd ei gwefusau'n araf gan ynganu pob gair yn unigol.

Deallodd wrth ynganu'r geiriau mai un fel yna yr oedd hi

wedi bod ei eisiau erioed ac ers duw-a-ŵyr-pryd fel petai y dyhead blaenorol am y brecwast wedi deffro y dyhead hwn am fotobeic, ac mai dyna ydym yn y diwedd: cyfres o ddyheadau nad oes cyswllt fel y cyfryw rhyngddynt ond bod un wedi rhoi bod i un arall; tryblith ydyw, ond teimla fel trefn y rhown y cysylltair 'fi' yn sownd wrth bob un dyhead.

'Fysa ti'n licio ca'l un fela?' holodd Rachel hi; Rachel a wyddai bopeth am ddyheadau.

Yr oedd sŵn y moto beic cacwn yn para yn 'y meddwl i ymhell wedi iddo fo groesi'r Maes a diflannu rownd tro y castall. A be' glwish i nesa oedd Rachel yn deud:

'Wel, be' ti feddwl?'

Roeddan ni wedi mynd i lawr Twll yn Wal tra roeddwn i'n dal i fwydro mhen hefo sŵn pigog y beic a dychmygu'n hun, mwn, ar 'i gefn o mewn trwsus lledar tynn sderiotupical ac wedi cyrraedd fa'ma yn ddiarwybod i mi. Y Brecwast Hollol Afiach, dwi'n 'i ddarllan.

'Ty'd oddi ar gefn y moto beic 'na,' meddai Rachel, 'a deud be' ti feddwl.'

Dwi'n darllen y fwydlen sy'n gorfoleddu yn Gymraeg: 'Popeth sydd yn ddrwg i chi.' Ac yn Susnag: 'Artisanship for your arteries.' A! ffwc dwi 'm yn siŵr dwi'n 'i ddeud wrtha fi'n hun, gwyrdroi petha er mwyn denu'r dosbarth canol hefo slogans bwriadol corni ac uffar o marc-yp. A rhyw ganmol gneud gan ryw T&M from Canterbury: 'Your collestoral becomes your collatoral. Well done! (Or is that medium rare?)' a Gee and Zee o Circencester: 'Great eats. Fats a fact!'

'Y sosejis dryta'n lle 'ma,' dwi'n 'i ddeud wrth Rachel.

'Dim otj siŵr. Ty'd.'

Ni'n dwy ydy'r unig gwsmeriaid, mi wela, a'r pen mochyn ar y cowntar yn sbio arna ni, ac O!-dduw-nad-ydyo'n-bod byrdda fformeica top dusainyr rhai hefo holograms wya'n ffrïo, erill hefo bêcd bîns yn arllwys nôl a blaen o'r tun. Dwi mewn lle sy'n dynwarad pob dim.

Mae'r pen mochyn yn codi am i fyny o'r cowntar a Mhêe!

Mhêe! medda fo fel dafad – dwi fod i chwerthin ta be? – a d'ylo dyn yn diosg y masg i gyfeiliant Rachel yn deud:

'Vincentio, you funny man.'

'Hir amser dim gweld, darling bach,' ebe Vincentio, 'ar ôl after yr inci-dinti-dent o flaen hefo two of my dearest friends, Vincentio, from over Aweful's Dyke. Odd o veering slightly towards the respectable but leaning strongly on the dissolute all the same. Ond y hi! The She! Y smociwr tjaen. Ffor shêm. Ffor shêm. My baked beans have never recovered. But gadwch i'r wedi mynd, wedi mynd. 'Rŵan ta pwy ydy'r nicey-nicey?'

'Y nicey-nicey,' mae Rachel yn ei ddeud yn fy nhynnu fi ati, 'ydy Egwyl.'

A mae Vincentio – Vincentio? does bosib? yn sbio arna i. Gneith hwn jôc am interval neu intermission a mi ...

'O! ceffyl tywyll. Ceffyl tywyll yn fa'ma.'

Hynny mae o'n 'i ddewis i'w ddeud amdana i a llithro'i fys i lawr 'y moch i.

'Mae Egwyl yn paratoi i fod yn academydd,' mae Rachel yn ei ddweud, a thinc o falchder yn ei llais hi, choelia i fyth.

'Vasari,' mae Vincentio yn ei weiddi i rywle tu cefn iddo, 'come and gweld a nicey-nicey rhywogaeth.'

Mae hwn y fath foi 'da chi'n gwbod 'ch bod chi'n wironeddol ddim yn 'i licio fo tra ar yr un pryd yn ca'l 'ch denu tuag ato fo, fel yr hen awydd plentyn 'na i roid 'ch bys mewn chwd.

O'r cefn yn araf ac ar flaena' ei draed yn cario cwpanaid o goffi, ei dafod o fymryn am allan, ei ddau fawd yn dynn am y soser yn gneud chi feddwl mai cario bom sy' ar fin ffrwydro mae o, ma' Vasari yn dŵad i'r fei, amdano fo siwt orenj. Mae o'n rhoid rhyw lewc sydyn i'n cyfeiriad ni, nodio ei ben ac ymlaen â fo rownd y gornel.

'Right-be'-dduda-i rownd y corner fan'cw. Pointing to things on the menu like Curwen of yore. Dim word from the head te. And wears a pork pie hat. Takes me back. Takes me back,' esboniodd Vincentio, 'ond cyffwrdd pren. Cyffwrdd pren.'

'O! yr hen felly-a-felly iddo fo,' ma' Vasari yn ei ddeud wrth ail ymddangos rownd y gornel, y gwpan goffi tro 'ma mewn un llaw a'r coffi'n slempian dros yr ymyl, 'he's gone.' Ei acen dwi'n teimlo ochor La'rug i Napoli.

'Ti'n cofio she?' meddai Vincentio wrth Vasari gan roi ei fraich am ganol Rachel a'i gwasgu.

Mae 'na ryw dyndra'n llacio yn Rachel dwi'n 'i amgyffred.

'What a night! What a night!' ebe Vasari yn rhoid tair sws i'r aer wrth ymyl bochau Rachel, 'with gone to seed him and the chain smoking her.'

'Dyma ti Egin,' mae Vincentio yn ei ddeud, 'Egin professor. Known to all and Sunday as Egwyl!'

Fel rhwsud o'n i wedi ddisgwl daw: 'Sén-hior-ita,' allan o geg Vasari. A thair sws arall i'r aer o nghwmpas i tro 'ma, 'sit your two tintws down. Anything and everything from the female,' a mae o'n rhoid y meniw i ni gan ychwanegu, 'ar y tŷ! Ar y tŷ!'

Ond 'O!' mae Rachel yn ei ddeud, rhyw 'O!' drama o beth, fel petai hitha' wedi dal dôs o awyrgylch y lle 'ma, 'raid ni fynd.'

'Arglwydd,' dwi bron yn 'i weiddi, 'mynd i lle?'

'Oxfam sêl heddiw,' ydy'r ateb syfrdanol.

'No! No! No!' mae Vasari yn ei ddeud gan roi iaith i fy meddylia' inna', 'Oxfam and you two darling buds so gay do not go together. They do not.'

'Cweit!' dwi'n atab gan ddarllan o'r female ar hast ac ordro ar fwy o hast fyth, 'Pigs trotters with accoutrements.' A ma' 'na ryw fynnu-petha' yn nhôn fy llais i.

Mae Vincentio 'n troi'n gryndod drosto i gyd fel petai rhyw ias o rwbath yn rhedag drwyddo fo.

'Lovely word that: accoutrements,' medda fo, 'makes me … makes me shudder in my loins. And all the better for being said by an egin professor. Senora?' meddai'n edrach ar Rachel.

'Dim byd!' ma' hi'n 'i ddeud wedi moni'n llwyr. Mae hi'n sbio'n hyll arna i.

'Nothing,' meddai Vasari yn gwyro i'r bwrdd, 'nothing will come of nothing, darling. Speak again.'

Mae Rachel yn rhythu i'w wynab o.

'Is this looking daggers I see before me?' mae Vasari yn ei ddeud.

Dwi'n dechra piffian chwerthin. Ma'r dynion 'ma mor ...

'Eggs Benedict,' mae Rachel yn ei ddeud ac yn methu rhwystro ei hun rhag chwerthin 'chwaith.

Ar y foment hon dwi'n teimlo mor hapus.

Oddi allan yn edrych arnynt drwy'r ffenestr ond yn ddiarwybod iddynt y mae'r dyn yn yr het porc-pei. Un anhygoel yw hwn. Ar un adeg bu'n chwarae gwyddbwyll mewn ffilm. Dro arall roedd yn Ffaddar Crismas mewn cerdd.

'Oni'n mynnu ca'l y sgram 'chi, a chitha 'di addo,' dwi'n 'i ddeud wrth Rachel gan wthio'r plât oddi wrtha i – plât hirsgwar, o'n i'n iawn, dwi'n iawn bob tro – a jysd â methu chwthu, 'mi gai'r pigs tjîcs a'r Dolwyddelan sosej tro nesa'.'

'Fyddi di'n barod am Oxfam felly byddi,' mae hi'n 'i ddeud.

Y mae Vasari yn dal y drws i ni ar y ffor' allan gan gymryd arno ryw ffieidd-dod smala tuag aton ni, ei ben i un ochor yn gwrthod sbio arno ni.

'I cannot believe,' mae o'n 'i ddeud, 'that this harridan is corrupting young flesh with Oxfam. Please don't come again.'

A da ni'n dwy tro 'ma yn gneud sioe o gusanu'r aer dair gwaith o'i gwmpas o.

Mae Rachel yn rhoid 'i braich drwy mraich i.

'Ti meindio?' medda hi.

''Misho gofyn nagos,' dwi'n atab.

Ym mhen dim cyrhaeddodd y ddwy y siop Oxfam fraich ym mraich. Dadfachodd Rachel ei braich o fraich Egwyl ac â'i llaw yn ysgafn ar ei chefn llywiodd hi'n dyner drwy ddrws y siop. 'Pidiwch â ngwthio fi,' meddyliodd Egwyl. Yr oedd hi wedi bod yma unwaith o'r blaen ar ran ei mam. Dŵad â dillad yma a wnaeth nid mynd â dillad oddi yma. Cofiodd hefyd mai ''myrraeth' oedd hyn i Rachel nid rheidrwydd. Y rheidrwydd a welai o'i chwmpas, fel yn y wraig yn fan'cw yn gwahanu cotiau, sŵn clician yr hangyrs, cotiau gaeaf, fel petai hi'n troi tudalennau mewn llyfr er mwyn medru darllen am ei thlodi ei hun. 'Ydy'r gôt camel, seis ffortîn 'di mynd?' gwaeddodd i'r cotiau o'i blaen. 'Do chi,' daeth llais o rywle. Trodd Egwyl i edrych. Gwelodd y wraig a oedd y tu ôl i'r cownter yn rhythu'n filain i'w chyfeiriad teimlodd. 'Do chi,' ail-adroddodd y wraig gan barhau i syllu ar Egwyl. Y dyn yn y pen draw yn troi esgid drosodd i edrych ar y wadn. Gwelodd Egwyl y gair 'sêl' a meddyliodd beth oedd ystyr 'sêl' mewn siop o'r fath. Dechreuodd deimlo'n biwis.

Yn reddfol canfu ei hun o flaen y shilffoedd llyfrau. Tynnodd yr Adam Bede o blith y Mills and Boon a'r Georgette Heyer, nid fa'ma oedd ei le siŵr iawn. Ond lle oedd ei le? Nid oedd lle iddo, penderfynodd. Felly daliodd ei gafael arno'n dynn. Gwelodd Pigion y Talwrn, Rhif 6. Gadawodd o lle roedd o. Cofiodd am Rachel. Lle roedd hi? Cyfres y Cewri gwelodd. Edrychodd amdani nid drwy droi rownd ond yn y drych a oedd ar werth o'i blaen. Un o gyfrolau'r Daniel. Dwy hen Fedal Ryddiaith. Symudodd ei phen nôl a blaen hyd wyneb y gwydr er mwyn ceisio ei chanfod. Gwelodd wraig y gôt camel yn stwffio blows yn llechwraidd i'w bag neges. ''Nelo puntan,' moesolodd. Gwelodd ddyn yn cipio het wellt wen o'i stand, Grand Marnier mewn llythrennau gwynion ar ruban coch rownd ei chanol gan wyro'r cantel rywfaint am i lawr dros ei lygaid dde fel y Great Gatsby dychmygodd.

Wrth edrach am Rachel yn y miryr ma'r dyn 'ma sydd newydd osod het wen o ryw holides yn Costa del Rwlarwla am 'i ben fel petai o'n dynwarad gangstyr, a mae o'n troi rownd yn sydyn a chwifio'i dd'ylo fel petai o tro 'ma'n ganwr jas ar ddiwedd 'i gân i nghyfeiriad i. A dwi'n nabod Rachel. Mewn siwt pun streip, dybl brested, crys a tei. Dwi'n troi rownd. Tei glas hefo palmwydden wyneb i waered ar ei hyd-ddo, y dail siâp bananas yn y darn llydan a'r boncyff yn diweddu wrth y cwlwm.

'Wel,' medda hi yn codi rywfaint ar yr het Grand Marnier, 'be' ti feddwl?'

'Di hi ddim yn disgwl atab siawns?

Ond cyn i mi fedru meddwl am ddim byd difrifol – neu wamal – mae hi'n fy nhynnu fi i gyfeiriad y tjeinjing rwms hefo'r geiria':

'Dwi am i ti 'neud 'run peth. Ma' gin i'r feri petha i chdi'n fa'na. Ddudas i ryw fyrraeth do.'

O 'mlaen i yn y tjeinjing rwm ar hangyr mae 'na fleisyr hefo tri o fotymau aur, trwsus gwyn – be' fydda mam ers talwm yn 'i alw'n 'slacs' – crys glas ac a 'lawr 'plumsols', gair arall mam.

Dwi'n edrach ar y 'rigowt' – gair mam eto. Dwi'n edrach arni hi.

'Nadw,' dwi'n 'i ddeud yn ysgwyd 'y mhen er mwyn tanlinellu'r gair, 'Nadw'.

'W't!' medda hi eto.

A ma hi'n cymryd rhyw gam bach yn nes ata i. A dw inna'n dechra' tynnu amdana.

Mae rhywun yn trïo agor y cyrtans, ond mae'n amlwg 'u bod nhw'n dal yn llaw Rachel a 'Brysur!' mae hi'n 'i harthu.

Dwi lawr i ddim byd ond 'n nics.

Mae wyneb Rachel yn llacio ac yn tyneru. Dw inna'n teimlo rhyddhad. Mae hi'n cydiad yn 'n llaw i a'i harwain hi o dan y tei gwirion 'na a rhwng botymau'r crys, o dan y defnydd, a'i phwyso hi'n dynn, dynnach, ar ei chroen. Tydy hi mwy na finna'n gwisgo bra. Ac am ryw reswm ma gair mam 'brashyr' yn llenwi ngheg i'n fud. Clywaf guriadau ei chalon.

Oherwydd mod i wedi deall o'i hedrychiad hi be' oedd hi isho 'i 'neud dwi'n ysgwyd 'y mhen i roi iddi'r caniatâd. A mae hitha'n rhoid 'i llaw ar 'y nghalon inna'.

A mi ryda' ni'n dwy yn cyd-wrando ar galonnau'n curo: calonnau newydd eu geni, calonnau canol oed, calonnau ieuanc, calonnau sydd yn teimlo galar ac ing, hapusrwydd a gorfoledd, cynddaredd a dicter, siom a chwerwedd, calonnau oedd yn cracio a thorri a chalonnau oedd newydd syrthio mewn cariad. A'r cwbl yn curo fel un.

'Mae hi'n ben blwydd arna i heddiw,' meddai Rachel yn tynnu'n llaw i o'i bron i'w gwefusau, 'mi ddylswn fod wedi dweud. Chwe deg dau. Or dderabowts de. Dyna oedd ystyr y 'myrraeth. Teimlo fel gwneud rhwbath owt of ciltyr fel 'tai.'

Dwi'n codi ar flaena'n nhraed a rhoid sws iddi ar 'i thrwyn. Mae hi'n gwrido.

''Sym' raid ti foddran hefo rheina,' medda hi'n ysgwyd 'i llaw i gyfeiriad y bleisyr, a'r slacs, a'r crys, a'r plumsols, 'hen 'fyrraeth 'na'r oll.'

'Na!' dwi'n 'i ddeud a chodi bys dwrdio smala arni hi, 'allan â chi.'

Dwi'n newid.

Dwi'n dŵad i'r fei fel rhyw spiv ar fwr' iot.

A dyna pryd y sylweddolis i fod pawb yn y siop, pawb ond y ddynas y tu ôl i'r cowntar sy'n sbio'n sarrug o hyd, yn gwenu arno' ni.

A mae Rachel yn tynnu ei het a rhoid bow. A dw inna'n gneud cyrtsi hollol ofyr ddy top. A da ni'n cael tjiyrs.

Wedi i ni newid yn ôl i'n dillad 'n hunan, a ninna' ar fin mynd drw'r drws, dwi'n clwad: 'Hei!' tu ôl i ni.

Wrth droi rownd mi wela i'r ddynas gas o'r tu ôl i'r cowntar fodfeddi oddi wrtha i:

''Da chi'm di talu am y llyfr 'na,' medda hi.

Dwi'n sylweddoli fod Adam Bede yn 'n llaw i.

'Os fedrwch chi ddwyn o tjariti shop mi fedrwch ddwyn o rwla,' mae hi'n 'i ddeud.

Mi wela i Rachel yn llyncu 'i phwiri. A dwi'n rhoid 'n llaw ar 'i braich hi i'w thawelu hi. Dwi'n mynd i mhocad hefo'r law arall i edrach fedra i deimlo punt. Medra. Diolch i'r arglwydd. Rhoid y bunt i'r ddynas.

'Gowch mi weld,' medda hi'n cythru am y llyfr.

'Punt!' mae Rachel yn ei ddeud wrth y ddynas a'i phen yn mynd yn nes ac yn nes tuag ati hi.

'Pidiwch â dŵad i fa'ma eto i chwara plant,' medda'r ddynas yn troi oddi wrtha ni.

'Le rŵan ta byrthdei gŷl?' medda fi.

'Adra,' medda Rachel a'r 'adra' 'n cael ei ddeud fel petai o'n tynnu rhyw siomedigaeth enfawr o'i ôl. Neu dristwch 'falla. Fedra i'm penderfynu p'run.

Wrth i ni ddisgyn o'r bỳs, bỳs guthon ni i ni'n hunan bron yr holl ffor', Rachel yn dawedog yn sbio o hyd i gyfeiriad y môr, môr lliw llechan, a rhwsut, o leia drwy'r ffenast, yr un mor giaidd o solat, mi welon Myrr Alaw yn rhedeg fel diawl rownd ochor y Memorial Hôl. A bron ar ei gwartha hi Edi Spol y certeicyr.

'Stopiwch!' gwaeddodd Rachel, wedi dyfod ati ei hun erbyn hyn, i'w gyfeiriad.

Arhosodd ynta, a Rachel yn martjio i'w gyfeiriad o, finna'n trotian tu ôl iddi.

'Be' da chi'n 'i feddwl da chi'n 'i neud yn rhedag ar ôl plant bach?' medda hi.

Mae Edi Spol yn gwyro i un ochor yn ôl ei arfer, a medda fo:

'Ma hogan yv hwvan na'n neud dvyga vownd y lle 'ma.'

Dw inna rŵan yn magu'r cyth:

'Iwsha enwa fela eto, Edi Spol,' medda fi, 'a mi sytha i di'n ôl yn ddyn go iawn.'

Mae o'n rhythu arna i.

'Wel?' dwi'n 'i ddeud.

A mae o'n troi rownd fel hen gi 'da chi 'di cymryd 'i asgwrn o oddi arno fo.

'Da!' mae Rachel yn ei ddeud, 'da! Fela ma isho bod. Fela ma isho deud. Ti'n dysgu.'

'Voswch fa'ma,' medda fi'n llawn hyder rŵan, 'well mi fynd i chwilio am y Myv Alaw 'na.'

A dwi'n sylweddoli be' rydw i newydd 'i ddeud.

A mae Rachel yn chwerthin.

'Vavgian vawv,' medda hi.

Dwi'n mynd drwy ddrws agored yr Hôl ac i'r cyntedd. Dwi'n clwad lleisia'. Dwi'n agor yn ara' bach ddrws y mên hôl gan greu tirsha ar 'y ngwynab yn barod rhag ofn i mi glwad gwich drws ond does 'na 'run. Dwi'n clwad, a dwi'n meddwl mod i'n 'nabod y llais ond na fedra i roid gwynab nac enw iddo fo, rhyw local seleb dwi'n meddwl:

'Yda chi, Mr Rhydderch, yn meddwl fod gan bawb un nofel ynddyn nhw?'

Mae'r atab yn hir yn dŵad a rhyw dwtj o chwilfrydedd i'w deimlo yno i ynglŷn ag o ac am glwad yr atab. Dyma fo:

'Nonsens noeth. Un o'r petha' sy'n cael eu deud er mwyn cadw coffra y cyrsiau ysgrifennu creadigol 'ma yn llawn dop hefo'r fel-a'r-fels arferol ydy hynny. Does na'm mwy o nofel yn y 'pawb' 'ma na sy' 'na o ddarganfyddiad gwyddonol ynddyn nhw. Fel y mae'r enw'n awgrymu y mae'r rhan fwya' o bobol yn 'gyffredin'. Ac yn hapusach o'i blegid o, tasa nhw mond yn sylweddoli hynny. Pobol sy'n ymhel â llenyddiaeth yn unig sy'n meddwl fod llenyddiaeth yn bwysig. Cadwch yn glir o drio sgwennu nofel bendith y tad. Byddwch yn gyffredin wir.'

Wrth bendroni os dwi'n cytuno neu beidio, mi glywa i sŵn piffian chwerthin. Wrth agor y drws rywfaint bach lletach mi wela i Myrr Alaw, sydd eisoes wedi ngweld i, ar ei phen ôl ar lawr o dan y bwrdd tresel sydd wedi ei orchuddio â lliain gwyn yn llawn o frechdanau a'r teisennau sy'n gwneud cwarfod llenyddol yn werth mynd iddo, a phlatiad o fferi cêcs ar ei glin, crystyn brechdan samon yn 'i llaw, y lliain gwyn o'i hamgylch fel adenydd angel. Oherwydd ei phiffian chwerthin mae rwbel y frechdan samon hyd ei gwyneb i gyd. Dwi'n codi'n nwrn yn chwareus arni. Mae hithau'n tynnu tafod samonaidd yn ôl arna i. Yn sydyn dwi'n cael cip ar mam. Mam aeth ar gwrs sgwennu nofel unwaith oherwydd 'fod gan bawb un nofel ynddyn nhw sdi.'

'... palu clwydda er mwyn clwad blaen rhaw y frawddeg yn taro caead cist rhyw wirionedd,' dwi'n 'i glwad wrth gau'r drws; Myrr Alaw newydd ddangos fferi cêc anferthol i mi.

Fraich yn fraich eto, Rachel a fi, yn cerdded ar hyd llwybr

yr afon, yr afon rydlyd ei lliw fel petai wedi ei gwneud nid o ddŵr ond o fetel sgrap.

Wedi cyrraedd y Tŷ Coch, medda hi wrtha i yn sbio i'r ddaear nid arna i:

''Sa ti'n meindio aros y nos hefo fi heno?'

Wêl hi mono i'n ysgwyd fy mhen yn gadarnhaol.

Mae hi'n codi ei phen i'r entrychion:

'Sbïa,' medda hi, 'ar y lleuad fel sleisian o lemon wedi glynyd ar ochor gwydr ar ôl i ti orffan dy G&T.'

Dwi'n edrach.

Dwi'n 'i harwain hi i'r tŷ.

●

Dwi wedi cael hyd i lun ohonon ni'n dwy y dwrnod hwnnw y daethon ni allan o'r môr wedi gosod gwymon yn fwriadol ar 'n penna'.

Arianrhod oedd hi. Blodeuwedd oeddwn i.

Pwy dynnodd hwn felly?

Sut cafodd hi o?

Mae hi wedi sgwennu ar y cefn: 'How long is forever?' asks Alice. 'Sometimes just one second,' replies the White Rabbit.

Does gen i ddim co' i neb dynnu'n llun ni y pnawn hwnnw o ha'.

Ond mi gofia'r foment y daethon ni allan o'r môr yn glanna chwerthin.

Dwi'n codi'r foment fel darn bychan o risial i entrych goleuni'r cof, ei dal yno, ac ail-gofio eto am ychydig.

Does 'na ddim byd ond momentau. Rŵan ag yn y man. Eiliadau. Un eiliad.

●

'Joioch chi nithiwr?' medda fi wrth mam, ei chefn hi tuag ata' i, a'i d'ylo hi rownd mygiad o goffi, adlewyrchiad 'i gwynab hi yn y ffenasd yn deud wrtha i 'i bod hi'n sbio i nunlla fel petai rhwbath mawr ar 'i meddwl hi, rhwbath mawr o'r enw 'Huw' mwn; finna wedi sleifio i mewn i'r tŷ gynna'n ddistaw bach ar ôl bod hefo Rachel drwy'r nos, ac i fy llofft a newid i nghoban yn sydyn, a dŵad i lawr yn ôl a deud yn ddigon ffwr'-a-hi yn geg drws gegin: 'Joioch chi nithiwr?'

'Be' ti'n da 'n dy goban?' mae mam yn 'i ddeud, 'a finna newydd dy weld di'n dŵad at hyd llwybr 'rar? Oes 'na ddwy ohonoch chi dwa'?'

'Mynd i ga'l cawod dwi de,' medda finna'n teimlo nghylla i'n tynhau.

'Er mwyn ca'l gwarad o be'?' mae mam yn 'i ddeud.

Yr ynspocyn yn fa'ma ydy na 'na i ddim crybwyll Huw a neith hitha' ddim sôn am Rachel. Ond mae hi weithia fel rŵan, mi wn i, yn dyheu am gael gwbod ond mae hi'n bactracio rhag ofn falla i minna' os eith hi'n ffrae, sy'n debygol, ddeud be ŵyr hi'n barod: 'Mam, ma gin y boi wraig.'

'Rhywun 'di buta fferi cêcs Mus Wilias i gyd nithiwr. Neu felly ddwêdwyd,' – hwn ydy'r bactracio – 'ond y comyn consent ydy ma' colli arni ma'r hen Fus Wilias a na nath hi 'rioed fferi cêcs a da ninna wedyn yn cogio bach rhoi'r bai ar Edi Spol, yr hen fochyn budur iddo fo hefo'i gŵn, am 'u buta nhw i gyd yn slci bach. Ond mi roedd yr hen Fus Wilias yn daer iddi osod bocsiad o gacenni ar y plât. O! paid ti â gadal i mi fyth gyrradd stad fel 'na. Rho dablets i mi wir dduw.'

'Ond o'n i meddwl 'ch bod chi'n erbyn lladd. Sanctiti o laiff, glwish i riw dro.'

'Ma' cadw urddas yn rhan o hynny. Lle bo chdi'n chwalu'n doman o ail-ddeud, a chroes-ddeud, a gwadu be' sy'n dystiolaeth o dy flaen di. A ffwndro a mwydro. Cofia di rŵan!'

A mi wela i adlewyrch ei llaw hi yn y ffenasd yn chwilio am 'n llaw i ar hyd yr adlewyrch ohono fi.

Dw i'n gosod 'y ngên ar dop 'i phen hi a'i rhwbio hi'n ysgafn yn 'i gwallt hi.

'Sbïa arno ni,' medda hi yn edrach ar 'n llun ni'n y gwydr, 'da ni fel tasa ni'n mochal o dan ryw ambarél.'

A dwi'n clwad Rachel yn gofyn i mi yn nhrymder nos ryw dro – y math o holi y mae tywyllwch yn anhepgorol iddo fo:

'Fedra ti ladd pry'?'

'Medrwn siŵr,' atebais i.

'Cacynen?'

'Medrwn.'

'Gwenynen?'

Mae rhaid mod i wedi teimlo mêl ar frechdan, neu furmur llawn o haf.

'O! dwnim,' dwi'n 'i feddwl a'i ddeud.

'Mi dy arweinia i di i'r fan honno,' medda hi'n y man.

'Yma ta allan fyddi di nos Wenar?' mae mam yn 'i holi.

Dw inna'n dalld yn iawn. Nos Wenar icwals be' ti'n da'n dal adra a chditha'n twenti ffôr, icwals dwisho'r tŷ i mi'n hun, icwals Huw, icwals mi wn i'n iawn 'i fod o 'di priodi, icwals am secs ma hyn a dim byd arall, icwals felly bygyr off o tŷ 'ma nos Wenar.

'Na,' dwi'n 'i ddeud, 'ma' gin i drefniada' ar gyfar nos Wenar, a nos Sadwrn, a falla nos Sul.'

Ffwciwch-drw'r wicend dwi'n 'i roid iddi ar blât lle roedd y fferi-cêcs yn arfar bod.

'Mond meddwl. Ond witja befo. Rywbryd eto,' medda hi'n ffugio'r siomedigaeth angenrheidiol, 'y metsa ni'n dwy neud rhwbath hefo'n gilydd.'

'Ond mi fedrwn i newid 'y mhlania,' dwi'n batio euogrwydd ffuantus yn ôl i'w chyfeiriad.

'Iesu mawr na, cadw di i dy drefniada,' medda hi i stopio pethau yn 'u tracs mewn panics mewnol rag ofn mod i o ddifri'.

Mae dau adlewyrch yn troi i wynebu ei gilydd yng ngwydr y ffenasd.

Sylweddolaf nad un gwenynen y medrwn i ei lladd ond llond cwch o'r tacla. Y lle 'ma! Yr holl wlad drwyddi draw!

Oherwydd iddi weld fan Wyatt and Sons wedi ei pharcio

wrth ymyl y bont penderfynodd Egwyl wrth gerdded yn ôl i'r Tŷ Coch – 'fel wasp yn gryndod i gyd yn geg pot jam fedar hi 'm cadw draw oddi wrth y diforsî 'na,' clywodd eto ei mam yn ei sibrwd i geg y ffôn gynnau , ac 'O! yr hen gena' bach i ti' – mai nhw oedd wrthi'n torri coed yn rhywle o'r golwg a sŵn y lli' gadwyn yn annymunol ar ei chlyw. Fel petai'r haf wrth adael, a chroesi'r afon, a cherdded i ffwrdd, o'r tyllau yn ei bocedi wedi colli mân newid y dail ar wyneb y dŵr yn elw o hyd ar lygaid unrhyw sylwedydd. Egwyl oedd y sylwedydd y bore hwn. Adferodd hynny ryw fodlonrwydd yn ôl ynddi. Byr y parhaodd.

Cynyddodd sŵn y llifio nes ei gorfodi i'w wynebu a gweld ar yr un pryd ei chamgymeriad. Yn dynesu tuag ati ar hyd y llwybr ar sbîd, yn siglo'n beryglus o ansicr o ochr i ochr daeth Rachel ar gefn moto beic cacwn, Myrr Alaw yn cael ei dal ar y peiriant rhwng ei breichiau; Myrr Alaw oedd yn chwifio'i dwylo'n uchel mewn gorfoledd hollol ddi-hid, ddi-helmet. 'Ma' hyn yn sbangli-wangli-dangli,' gwaeddodd i gyfeiriad Egwyl wrth wibio heibio; yr edrychiad syth-am-ymlaen ar wyneb difrifol bellach Rachel yn awgrymu na wyddai, efallai, sut i stopio nac ymhle.

Oherwydd sydynrwydd annisgwyl y digwyddiad – nid oedd ei chrebwyll wedi ei lawn amgyffred – trodd Egwyl ei phen yn araf, hurt braidd i ddilyn symudiad y moped a'i farchogion cefn, un ohonynt yn hollol syber, y llall yn gyfan gwbl ecstatig.

Fel sy'n digwydd wrth edrych ar symudiad o'r tu ôl, rhy'r argraff ei fod wedi stopio, a'r unig ffordd i ddweud ei fod yn dal i fynd yn ei flaen yw drwy ddirnad ei fod yn mynd yn llai. Felly gyda'r moped. Hyd nes y gwelodd Egwyl ryw gryndod blymonjaidd yn llwyr feddiannu'r peiriant. Y munud nesaf yr oedd ar ei ochr. Rhedodd hithau i gyfeiriad beth oedd yn ddi-os yn ei meddwl yn ddamwain ddifrifol.

Pan gyrhaeddodd Egwyl y fan, meddai Rachel yn codi ei hun o ryw batjyn lled-fwdlyd: 'Fela ma' g'neud.'

O'r tu ôl iddi clywodd: 'O! ga ni neud hyn'na eto ond yn ffastach,' a Myrr Alaw yn eistedd ymysg y dail amryliw, ei hwyneb yn frech o fwd, brigyn yn ei gwallt, un o'i phengliniau wedi ei sgriffio rywfaint, a dechreuodd chwerthin dros bob man oherwydd yr oedd hi'n hollol, gyfareddol hapus. Dechreuodd Rachel chwerthin hefyd. Ac Egwyl hithau.

'Ryda ni'n tair yn glanna', olwynion y beic fel llygid gwdihŵ yn sbio arno ni o'r ddaear, beic newydd sbon danlli, mwn, ryw chwartar awr ballu yn ôl, ond bellach wedi ei fedyddio â mwd. 'Da ni'n stopio chwerthin bron ar unwaith, a rhyw lygadu'n gilydd.

'Wel, be ti'n feddwl?' mae Rachel yn 'i holi.

'Be dwi'n feddwl be'?' dwi'n 'i ddeud yn dynwarad cymryd arna, rwla rhwng so wat a blydi hel, Rachel, 'y meic i 'di hwn a sbiwch golwg arno fo.

'I chdi!' mae hi'n 'i ddeud yn gwbod yn iawn, 'odda ti isho un doeddat?'

'Lle gutho chi o?' dwi'n 'i ddeud yn gwbod ac yn ama' ar yr un pryd a dim am ddangos dim byd mwy na hynny er.

'Ways and means,' mae hi'n 'i ddeud yn yr hen acen Saesneg go-iawn, rial macoi 'na, yn chwifio'i llaw uwchben y beic fel petai hi'n rhyw fath o ddyn hysbys.

'Wês an mîns,' medda' Myrr Alaw yn adlais, y poli parot, sy' bellach wrth ochor Rachel ac yn chwifio ei llaw hitha. Y ddwy fel dybl act.

A dw inna'n cythru am 'y meic. I godi fo ag un llaw gerfydd yr handlbars fel petawn i'n arwain rhywun i'r llawr i ddownsio hefo fi. Mae nwy law i ar yr handlbars rŵan fel dwy law ar 'sgwyddau rhywun ac ar fin deud rhwbath pwysig wrthyn nhw. Moto beic cacwn, dwi'n 'i sibrwd. A hynny rhywsut fel taswn i 'di deud: 'yn oes oesoedd' neu 'dwi'n dy garu di.' Gwahanol eiria' ond yn 'n nheimlada' fi'n deud yr un peth.

Dwi'n arllwys 'y nghoes dros y sêt a thynnu'r beic yn dynnach ata i, a wedyn gollwng 'n hun i lawr arno fo'n ara bach. A'r beic yn codi i nghwarfod i. Fela ma'n teimlo.

'Ma'n wisi-wisi yndy,' mae Myrr Alaw yn 'i ddeud.

'Cym' di bwyll,' mae Rachel sy' 'di bod yn gwatjad hyn i gyd dwi'n gwbod yn ei ddeud, 'a phaid ti â meiddio mynd i nunlla heb grash helmet. Ma' hi'n tŷ'n dy aros di. Rŵan tyd odd'arno fo a'i gerddad o nôl.'

Ond dwi'n troi'r goriad. A mae o'n canu grwndi drwydda i i gyd. Dwi'n agor y throtl rywfaint bach, bach a dwi'n teimlo 'i ewyllys o i ga'l mynd yn 'i flaen yn trosglwyddo'i hun i 'nghlunia i. Dwi'n gwbod mai hyn dwisho. Gwenaf ar Rachel, diffodd yr ignishyn, a dŵad oddi arno fo. Mae hitha'n gwenu'n ôl. Powliaf y beic yn ôl am y tŷ. Rachel yn arwain. Daw Myrr Alaw ata i. Mae hi bron yn sownd yno i.

'Y dyn 'na ddath a fo ben bora 'ma,' mae hi'n 'i sibrwd, 'ond di Rachel 'im yn gwbod mod i'n gwbod. Achos o'n i'n sbecian.'

'Ti'n sbecian lot?'

'Shht!' mae hi'n atab, 'i bys hi'n dynn yn erbyn ei gwefusa'.

'Shht!' dw inna'n 'i ddeud yn ôl.

Gwyrai frigau'r coed i lif pendramwnagl yr afon nes gwneud i chi feddwl am ddegau o ddwylo merched yn didoli dillad yn gyflym ar fyrddau jymbl sêls yn chwilio am fargeinion.

Ni'n tair. Ac un moto beic cacwn.

●

Heno o'i llyfr lloffion darllenaf:

'Mi ddigwydd rhyw ddiwrnod: daliadau'n llacio. Oddeutu'r chwedegau 'ma, ddywedwn i.

Mi fyddi di'n gweld drwy'r credoau. Pa mor denau ydy' nhw, mewn gwirionedd. Defnyddiau brau eu gwneuthuriad wedi eu dal wrth ei gilydd gan bwythau gobeithion yn unig. A mi deimli o dy fewn rhyw ofnadwyaeth. Ofnadwyaeth di-wrthrych, creiddiol. Dy fywyd dy hun yw ffynhonnell yr ofnadwyaeth hwnnw: chdi sydd wedi dŵad wyneb yn wyneb, ar drothwy dy henoed, â therfynau pendant dy fywyd dy hun. Go brin ei fod o'n digwydd i neb yn hanner cyntaf eu bywydau. Weithiau fe geir ofnadwyaeth llenyddol yn nofelau ieuenctid, ac angst ffug yr ugeiniau barddonllyd.

Ond pan deimli di yr ofnadwyaeth go-iawn – ac un waith y teimli di o, wnaiff o fyth wedyn adael llonydd i ti – mi ddaw i dy ran di ddewis. Mi fedri gythru'n ôl i fydoedd credoau, ac nid rhai 'crefyddol' sydd gen i mewn golwg yn bennaf, ond unrhyw beth sy'n peri i ti geisio anghofio yr ofnadwyaeth drwy ymgais i ddiddanu dy hun o'i afael o, a dawnsio'n barhaus ffandango dy ffantasïau. Neu mi fedri di fagu dewrder ac edrych i fyw ei lygad o. Ei gofleidio fo. Oherwydd dy fywyd di'n gyfan gwbl ydy o, nid dy elyn di. Nid rhywbeth y tu allan i ti sy'n dy fygwth di. Ond chdi dy hun yn dy grynswth.

Ga' i dy gymell di pan ddaw yr ymwybyddiaeth yma i dy ran di – ac fe ddaw – i ganfod dewrder y cofleidio, a pheidio cael dy demtio – fe fydd y demtasiwn yn fawr, oherwydd hwnnw y mae'r rhelyw di-feddwl yn ei ddilyn – i redeg ar ôl credoau nad oes iddyn nhw unrhyw sail, ac na fedra nhw roi i ti fyth seiliau. Ac os y medri di gofleidio ofnadwyaeth gwaelodol dy fywyd dy hun, fe ddarganfyddi yn sydyn iawn dy ryddid. Bydd yn rhydd!'

Pwy oedd ganddi mewn golwg pan sgwennodd hi hwn? Fi? Neb yn benodol, mae'n debyg. Pwy bynnag a'i darllenai, mae'n siŵr. Tydy hi ddim wedi croesi hwn allan 'chwaith.

Gwn heno i minnau wneud y peth iawn. Cefais hyd i fy newrder. O'r dewrder hwnnw y gweithredais. Nid wyf yn cael fy mhlagio gan unrhyw edifarhau. Ein cryfder yw ein dewrder. Gwendid yw edifeirwch. Swnio fel Rachel myn dian i. Na chael fy nhynnu'n gareiau yn chwilio am waredigaeth. Nid oes dim i fy ngwaredu ohono. Bywyd yn ei grynswth, ei ddaddrwg – un gair – fe'i clywaf yn ei ddweud.

Wedi dŵad i nôl y gist arian ydw i, ond mi râf â'r llyfr lloffion oddi 'ma hefo fi hefyd. 'I daflyd geith o, mi wn yn iawn. Edrychaf o nghwmpas. Un neu ddau o bethau erill efallai. Fiw mi roi'r gola' 'mlaen. Ond erbyn hyn mi fedra i deimlo'n ffordd o un peth i'r llall heb faglu.

Agor caead perfadd y piano. Rhedag 'n llaw ar hyd y tu mewn. Taro'n erbyn y gist. 'Ty'd yma am funud,' dwi'n 'i chlwad hi'n deud, yn codi clustog a dangos y gist i mi. 'Sbia' medda hi'n 'i hagor hi a chodi un darn i'r cyfnos a hwnnw'n sgleinio yn yr ychydig ola' oedd weddill. 'Krugerrands,' mae hi'n 'i ddeud a thwallt cynnwys y gist i'n harffed i, 'hefo rhein o'n i'n ca'l nhalu bryd hynny. Sawl joban yn fa'na,' – a rhedeg 'i llaw ar draws yr arian oedd yn winciadau bychain ar 'y nglin i wrth i mi symud 'y mhenglinia – 'pan ddigwyddith rwbath i mi ty'd yma i'w nôl nhw gynta ag a fedri di oherwydd wyddost ti ddim. Rhyngo ti a dy gydwybod be' nei di hefo nhw. Cod gaead y piano pan ddoi di bryd hynny a rho dy law i mewn.'

●

Y cwbl a welai Egwyl – a oedd wedi bod yn ddigon darbodus i edrych drwy'r ffenestr oherwydd iddi hi weld y BMW gwyrdd a'r mwg glas-lwyd sigarét o geg y wraig yn y sedd ffrynt yn cwafrio i'r aer – oedd pen ôl Rachel am i fyny, y gweddill ohoni'n gwyro i'r gwely, a'r dyn y tu ôl iddi 'n gwthio'n hamddenol i mewn iddi hyd nes iddo'n sydyn roi slaes hegr i'w thin, ac iddi hithau godi ei phen a chau ei llygaid, a chrychu ei hwyneb mewn ystum a fedrai fod yn un o orfoledd neu o boen, ac i'r dyn droi'n gryndod drosto wrth iddo arllwys ei hun o'i mewn. Dadfachodd y ddau oddi wrth ei gilydd. Ond yr oedd Egwyl wedi cilio i'r coed erbyn hynny i aros.

A finna'n ôl o'r coed wedi i mi glwad sŵn injan y car yn tanio a'i sŵn meddal o'n gadael, y tiars ar y nodwyddau pin, yma mae Rachel yn eistedd yn edrych ar y lluniau o'i chwmpas. Wêl hi mohono i. A dwi'n dalld rhwbath rŵan. Nid pethau i'w perchnogi ydy'r lluniau a'r celfi iddi hi ond rhywfodd ffynonellau o dawelwch a rhyddhad. Mi wela i groen 'i gwynab hi'n llacio. À 'i llgada hi'n drachtio rhwbath bywiol wrth symud o lun i lun. Rhwla yno fi'n hun dwi'n dirnad fod celfyddyd yn galluogi mendio. Weithia. Mae hi wedi ngweld i'n edrach. Mae hi'n pwyntio'i bys yn chwareus-gyhuddgar arna i.

'Dwi'n tresmasu?' dwi'n 'i holi.

'Chdi'n tresmasu,' mae hi'n 'i ddeud, 'chdi,' a mae hi'n dobio'r glustog i ngwahodd i i ista wrth 'i hochor hi, 'amhosib i ti neud hynny.'

Wrth i mi ista mae hi'n cydio'n 'n llaw i a'i chusanu hi. Mor oer ydy teimlad ei gwefusa hi ar 'y nghroen i. A radag hynny dwi'n gweld ôl crio arni hi.

'You were longer than usual today,' meddai'r wraig wrth y dyn, y car yn siglo o dwll i dwll ar hyd llwybr yr afon.

'I had to push hard. She wasn't over keen to play ball. Took a bit longer to convince today.'

'The Association should have dealt with her differently. She was always trouble. Poor you.'

'You look alligatorish this morning, poppet.'

'Do I? That's good,' ebe'r wraig yn taflu gweddill ei sigarét drwy'r ffenestr.

'Wedi dŵad i nôl 'y meic ydw i,' dwi'n 'i ddeud wrthi.

'O!' mae hi'n atab fel petai hi wedi ei siomi'n llwyr gan rwbath, 'well ti fynd â fo ta felly tydi. Mae'r crash helmet yn fa'na.'

Mae hi'n troi 'i gwynab oddi wrtha i, ond dwi'n dal i sbio arni hi.

'Wel! Does na'm byd arall i ddeud yn nagoes,' mae hi'n 'i ddeud i gyfeiriad y wal, 'cer!'

'Mi ddo' i 'fory.'

'Fel fyd fynnot ti.'

Dwi'n rhoid yr helmet ar 'y mhen. O! 'lam deimlad braf. A mi wela i'n fan 'cw yn piciad allan o du ôl i'r soffa droed mewn esgid sy'n perthyn i neb llai na Myrr Alaw. Ers faint mae hi 'di bod yna sgwn i? Ond wna i ddim cymryd arna mod i wedi gweld dim byd. Rhyngthyn nhw a'u potas, y ddwy ohonyn nhw.

A finna' wedi dŵad yn ddigon deheuig ar gefn y beic ar hyd llwybr yr afon cysidro mai hwn oedd y tro cynta' go iawn, ac wedi llywio rownd y tylla'n eitha' pethma a manwfro'n hun i'r lôn bost – manijo dal y beic efo un llaw er mwyn codi un bys ffyrnig hefo'r llaw arall ar Pyrsi Wyatt oedd wedi gweiddi:

'Tisho rhoid reid i fi' ar yn ôl i o ben bont – a pharcio'n ddigon decha deud y gwir o flaen tŷ.

Dwi'n sefyll wrth ffenasd gegin, y crash helmet yn dal am 'y mhen i, a dwi'n gweld y gwpan yn disgyn bron mewn slô moshyn o dd'ylo mam pan welodd hi fi, sblash o de hyd ei chardigan hi.

'Be' ddigwyddodd?' medda fi'n holi wrth gamu i mewn i'r gegin.

'Be' sgin ti am dy ben? Feddylis ma' riw forgrygyn mawr ar 'i sefyll oedd 'na. Mi ddychrynist fi,' mae mam yn ei ddeud.

Tynnaf y crash helmet ac ysgwyd 'y ngwallt fel ron i wedi gweld yr hogan ar y Maes yn Dre yn 'i neud. Ac fel petai hi wedi cofio'n sydyn fod crash helmet yn cyd-fynd â motobeic, medda hi:

'Ma' gin ti foto-beic! Mi gei dy ladd. Lle ges di o?'

'Presant gin Rachel.'

A mi wela i gwynab hi'n disgyn; a rhyw 'honna eto' yn mynegi ei hun wrth i'w llygid hi gulhau rywfaint.

'Fel medra i ga'l mynd i le'n bynnag dwisho. Rhyddid, mam.'

'O'n i'n meddwl i mi glwad sŵn moto-beic-cacwn. Ac os ma hwnnw ydy swm a sylwedd dy ryddid di ma'r 'le'n bynnag' dy freuddwydion di ar gefn peth fela yn cyrraedd i derfyna tua Groeslon ddudwn i. Be' haru ti'n cyboli hefo dynas fela ...'

A mae 'na sŵn yn lloffd. A mae mam yn sbio i'r sîling a golwg gwahanol rŵan yn meddiannu 'i gwynab hi, cystal â deud: 'Be' oedd hwnna dŵad?' Mae'r sŵn yn digwydd eto.

'Be' oeddach chi'n ddeud am gyboli?' medda fi wrthi yn sbio i'r sîling.

Mae hi'n chwilio am y moral haigrownd, mi wn yn iawn. Ond does 'na'm ffasiwn beth i run ohono ni'n dwy. Mwy na sy' 'na i neb arall.

'Gwranda,' medda hi'n gall iawn yn troi'r stori, 'ti'n cofio am y cyfarfod cyhoeddus nos 'fory yn y Memorial Hôl ynglŷn â'r cynllunia' 'ma i droi glan yr afon yn ganolfan gwylia? 'Da ni gyd yn mynd er fod pawb yn deud 'i fod o'n ffor-gon-conclwshyn. Ond mi fydd yna sbarcs gei di weld. Cofia di ddŵad rŵan. Ac agor dy geg yn fan'no. Oherwydd pam beio Saeson pan ma' gin ti Gyngor Sir fel hwn?'

Daw sŵn eto o'r lloffd.

'I le 'rei di rŵan?' mae mam yn 'i holi, a rhyw hannar edrach yn ôl i'r sîling.

'Chi be?' medda fi, 'mi a i nôl at yr hen ddynas 'na dwi'n cyboli hefo hi.'

A mae mam yn smalio rhoid peltan fach i moch i.

'Mae hi'n methu byw hebddo ni ylwch,' meddai Rachel pan dwi'n camu nôl i aelwyd Tŷ Coch, 'y mreichia' fi'n dynn o amgylch y crash helmet fel petawn i'n magu babi rhyw ofn na fedrwn i rhwsud na'i leoli na'i ddiffinio 'n glir, 'geith hi ddŵad yn ôl ata ni ti meddwl, Myrr Alaw? Ydy hi am gael maddeuant?'

Yn sydyn dwi wedi fferru ar ganol llawr oherwydd er mod i'n gwbod mai rhwng difri a chwara' mae hi'n deud hyn, y difri sy'n fy meddiannu fi'n llwyr, a dwi ofn cael fy nghau allan a 'ngwrthod. Rhwsut wela i ddim lle i mi ar y soffa. A'r soffa rhywfodd wedi peidio â bod yn soffa ac wedi troi'n drothwy, a nhw'n fan'cw a finna'n fa'ma. Ac os na chai groesi'r trothwy yn ôl atyn nhw, yma bydda i weddill fy nyddia' ymysg bywydau diddrwg-didda, llawn cyfaddawdau, bywydau linc-di-lonc pawb arall, rhwng y confensiynau cyfarwydd a'r defodau beunyddiol, yma bydda i yn llugoeri. Plis, Rachel. Plis, Myrr Alaw.

'Wel?' mae Rachel yn ei ddeud yn sbio ar Myrr Alaw a Myrr Alaw yn sbio arni hi, 'wel?' A mae Myrr Alaw yn ysgwyd 'i phen i arwyddocáu: Ceith mi geith hi ddŵad yn ôl. Mae'r ddwy yn siffrwd 'u pen-ola' ar hyd y soffa er mwyn gneud lle i mi yn y canol rhyngddyn nhw. Mae Rachel yn dobio'r glustog i arwyddocáu, Ty'd. Dw inna'n croesi'r trothwy ac ista lawr yn gwbod fod 'na Rwbath Mawr wedi digwydd. A ni'n tair.

'Deud dy niws wrth Egwyl,' mae Rachel yn ei ddeud wrth Myrr Alaw, a rhoid cythral o winc i nghyfeiriad i.

'Fi di Fijin Mêri yn drama Dolig 'rysgol.'

'Wel! Myrr Alaw,' dwi'n 'i ddeud yn gwbwl ddidwyll ond dros ben llestri braidd, 'be' ddudodd mam?'

'Chwerthin,' atebodd Myrr Alaw.

A da ni'n tair yn rhoid 'n breichia am 'n gilydd.

'Hei!' dwi'n 'i ddeud wrtha ni'n tair, yn teimlo'n sydyn mod i'n swnio fel mam ond fod raid i mi hefyd gael deud hyn, 'ma raid i ni fynd i'r cyfarfod cyhoeddus 'na nos 'fory yn y Memorial Hôl ynglŷn â'r datblygiada ar lan yr afon, i'w stopio nhw. Chi sy' gin y mwya i'w golli, Rachel.'

'Ma gin i fy ffyrdd fy hun o stopio petha fela,' mae Rachel yn ateb yn ddi-hid bron, 'felly cerwch chi os oes raid i chi.'

Mae Myrr Alaw yn droinio. Drwy gornel 'n llygad dwi'n sbecian ar 'i llun hi. Dynas ar 'i hyd yn y dŵr fel Offelia, 'i gwynab hi o'r golwg dan o-au bychain pob lliw – swigod aer? – fel petai bybl-rap amryliw wedi ei weindio o gwmpas 'i phen hi. Mae hi'n 'y ngweld i'n sbecian a throi'r llun yn 'i grynswth i nghyfeiriad i fel y medra i gael gweld yn iawn.

'Da!' dwi'n 'i ddeud.

Ond y mae hi'n codi ei bys i'w gwefusau i'n atal i rhag dweud dim byd arall, i beidio holi mwy. Mae hi'n gwyro ei phen i mraich i, y llun ar yr un pryd yn crychu i'w gilydd fel petai o'n gwarchod ei gyfrinach. Dw inna'n codi mraich, gadael i'w phen hi ddisgyn i nghesail i, a'i thynnu hi'n agosach ata i.

'Mae hi'n ddwrnod Mozart,' mae Rachel yn ei ddeud gan godi o'n plith ni i fynd at y Bechstein.

'Be' ydy un o'r rheiny?' dwi'n 'i holi'n feddal-lonydd.

'Gwranda a mi ddealli.'

Mae merch i'w mam yn gwybod yn iawn mai andante ydy hwnna.

A fydda i fyth ddedwyddach na rŵan? Hyn ydy tragwyddoldeb mae'n debyg.

'Wwô! Eira,' mae Myrr Alaw yn ei ddweud.

Mae Rachel yn codi ei dwylo a'u dal ychydig uwchben y nodau i edrych. Dw inna'n edrych. Mae Myrr Alaw yn rhoid ei gwefus isa' ar ben ei gwefus ucha' a gwyro ychydig am ymlaen i edrych. A rhwsud fel petae ni'n gweld â llygid ein gilydd – dyna sut mae o'n teimlo – eira dechra Rhagfyr yn syrthio'n araf, reolaidd.

Ar yr un un foment 'da ni'n troi i wynebu'n gilydd yn gwbod mwy erbyn hyn na wyddem cynt.

Fel petai'r tragwyddol wedi gwahanu'r beunyddiol a gwthio ei eiliad i'r agen a grewyd, daliwyd y dair yn eu cyd-edrych ar ei gilydd. Fel petai yna ond un edrychiad a welai y cwbl mawr ei hun. Caewyd yr agen a chyffyrddodd bysedd Rachel y nodau yn yr union fan y gadawodd hwy i gario'r andante yn ei blaen; swatiodd Myrr Alaw yn ôl i gôl Egwyl, tynhaodd Egwyl ei braich amdani.

Ond oddi allan ymdebygai'r eira i ryw haint a oedd wedi meddiannu'r byd.

Rhywle yn y coed, petai modd ei weld, dawnsiai dyn yr het porc pei ei ddawns herciog, stacato, yn ei unman, plorod gwynion yn blaguro'n afiechyd di-enw hyd-ddo.

●

Ar lwyfan y Memorial Hôl eisteddai dau ddyn, er fod cadeiriau ar gyfer chwech, ond yr oedd hi, efallai, ddigon cynnar o hyd, ugain munud i fynd cyn ei bod hi'n ben set, ac mae'n debyg – nid oedd y cyfarfod hwn yn mynd i fod yn un hawdd wedi'r cyfan – mai 'swildod' oedd y rheswm am absenoldeb, hyd yn hyn, y pedwar arall. Gallasai 'annwyd trwm' fod yn ffactor hefyd, yn enwedig yr adeg yma o'r flwyddyn.

Edrychwch ar y cyntaf o'r ddau ddyn. Hwn yw'r Cynghorydd Humphrey 'Thanciw Mawr' Lloyd. Cadeirydd y pwyllgor cynllunio, neu y pwyllgor cynllwynio fel y disgrifir ef yn aml gan ambell un. Ni chaech well cadeirydd i bwyllgor o'r fath na'r Thanciw Mawr. Hwyrach fod y carneishyn coch yn llabed siaced ei siwt punstraip yn dweud wrthych i ba blaid y mae'n perthyn, er ei fod wedi sefyll pob lecshiwn dan faner ffuantus 'Annibynnol'. Gŵyr pawb yn y cwr hwn mai masg am wyneb Welsh Labour yw hynny – Welsh Labour fel Welsh Lamb fel Welsh Rugby Union, y math yna o Welsh. A phetaech angen cadarnach tystiolaeth na blodyn carneishyn coch, yna ewch i'w swyddfa ymhle y cadwa lun ohono ef ar ymweliad â Thŷ'r Cyffredin yn ddeg oed ar y pryd hefo Arglwydd Tonypandy, yr hen lòrd a'i fraich am ei ysgwydd. (Byddai sawl un wedi dweud ac yntau mond yn ddeg oed ei fod wedi bod yn lwcus iawn.)

Mae'n debyg iddo gael y llysenw 'Thanciw Mawr' oherwydd ei arferiad (honedig, dylid dweud) o roi ei law agored – llaw fawr, gorniog saer maen, oherwydd dyna oedd ei alwedigaeth flaenorol: 'developer' yn ei eiriad ef ei hun, er i ryw gingron cenfigennus ychwanegu'r gair 'late' o flaen ei swydd ddisgrifiad ar ffurflen un tro – ei arferiad, fel y dywedais, o roi ei law agored y tu ôl i'w gefn, fel rhyw silff uwchben ei ben ôl, ac i wŷr busnes ran amlaf osod ar y cledr yn ddistaw bach amlen dan sêl. Diflannai'r amlen, a'i chynnwys wrth reswm, i boced ddofn – di-waelod yn ôl yr honiadau – tu mewn i'w siwt gyda gwên, a siâp ceg yn yngan 'Thanciw Mawr', ynghyd â'r geiriau hyglyw: 'Rŵan ta, sut y medrwn ni ddatrys yr anhawster bach yma sydd o'n blaena' ni dybed?'

Yr oedd un neu ddau, medden nhw, hefo cymorth peint neu ddau neu chwech, wedi gweld hyn yn digwydd â'u llygaid eu hunain, ond y canol dydd y diwrnod wedyn o'u hail-holi yr oedd popeth wedi mynd yn angof. A'r gwir plaen, hefyd, os gwyddoch chi unrhyw beth am y Thanciw Mawr, y mae ef bownd o wybod mwy amdanoch chi. Ac os hefyd, y tybiwch fod eich bywyd chi yn eithaf difrycheulyd, y mae rhyw staen yn glynu'n barhaol wrth fywyd eich brawd, neu fywyd eich cyfnither hyd yn oed.

Y mae o hefyd, y Thanciw Mawr, yn bregethwr cynorthwyol, fel yr oedd ei arwr mawr o Donypandy, wrth gwrs. Wedi'r cyfan gŵyr pawb fod gwreiddiau Sosialaeth yn ddwfn ym mhridd Cristionogaeth. Ond rhywsut yr oedd ei grefydd wedi ei wneud yn salach peth ac nid yn rhagorach dyn gan wyrdroi, yn ôl y sôn, yr hyn y dylai crefydd ei gyflawni. Ond am unwaith, a chwarae teg iddo, ai arno ef yr oedd y bai am hynny, ynteu a oedd hynny yn y grefydd o'r cychwyn cyntaf? Wedi i chi hidlo y 'cariad' a'r 'trugaredd' honedig o wyneb y gymysgedd sanctaidd, rhywbeth hyll ac annymunol iawn sydd ar ôl wedi ceulo ar wyneb yr hidlydd.

Dylid hefyd dweud fod gan y Thanciw Mawr ferch anabl, Gwenith, a bod unrhyw un a ofynna am Gwenith yn derbyn gan ei thad y cwrteisi mwyaf, a thanciw mawr am ofyn, a'r thanciw mawr bryd hynny yn magu diffuantrwydd. Ar ei daflenni lecshwn dywedai bob math o bethau, celwyddau y rhan fwyaf, ond nid oes gair ynddynt fyth am Gwenith.

Yn ein gŵydd y mae'r Thanciw Mawr, sydd wedi bod yn edrych yn wengar hwnt ac yma hyd y neuadd gan godi ei law ar hwn a hon a adwaen ef yn dda iawn, yn gwyro ei ben rywfaint i gyfeiriad y dyn ieuanc wrth ei ochr a sibrwd i'w glust: 'Despite your reservations, coming early was the right call. Filling up nicely. Don't worry now.'

Piper Donash yw enw'r dyn ieuanc hwn.

A chwithau'n llawn anwybodaeth, wrth gwrs, ond petaech yn eistedd yn y rhes flaen – hwyrach, yn wir, eich bod yno'n barod oherwydd, fel y dywedwyd, mae'r lle'n llenwi a'r rhesi blaen eisoes wedi eu meddiannu – chi yw chi yn fa'na? – fe feddyliech mai'r Thanciw Mawr yw'r pen bandit a Piper Donash y taeog wrth ei ochr. Dyna yr ydych i fod i'w feddwl. Pan ddaw cwmnïau fel Donash Leisure Ltd i'n gwlad fe ddônt fel arfer yn llednais, yn batrwm o foesgarwch, yn wrandawyr astud a da gan nodi popeth a ddywedwch yn ofalus yn eu cofnodion, bag fferins 'hwb i'r economi leol' yn un llaw, ac yn y llaw arall bag llawer mwy y gair tywyllodrus 'GWAITH!' A phan ddaw maes o law y cofnodion rheiny i olau ddydd rhaid yn enw iawn bwyll holi a oeddech chi a hwy yn yr un un cyfarfod. Ond erbyn hynny, wrth reswm, y mae'r 'cofnodion' a phopeth arall wedi eu harwyddo a'u dyddio gan y cyngor sir.

Modd bynnag, am Piper Donash ei hun anodd penderfynu ai ef, hyd yn oed, oedd yn tynnu y drol a'i ddeiliad o'r tu ôl iddo, ynteu ai hwy a oedd yn ei chwipio i'w orfodi i fynd yn ei flaen?

Lle mae Pres Mawr yn y cwestiwn y mae'n anodd gwybod pwy sy'n rhedeg pethau, ac o ble, a sut? Ond ef oedd yr wyneb cyhoeddus, dengar beth bynnag. Ef a fyddai'n derbyn y clod, y 'K', a'r bonws pan âi pethau'n dda. Ef hefyd a fyddai'n dioddef yr anfri os âi pethau o chwith. Ef a fyddai'n troi rownd yr adeg honno i weld fod y drol bryd hynny'n wag, yn wir, nad oedd trol yno o gwbl ond ef ei hun, ysgymun bellach, yn crwydro'r swyddfeydd a wagiwyd yn sydyn a dros nos. Dyna un o rinweddau pennaf cyfalafiaeth, wrth gwrs, y gallu i ddiflannu'n ddi-fefl o bob llanasd a grewyd ganddi hi ei hun. Ond y dyddiau hyn yr oedd pethau'n mynd yn dda iawn, iawn i bawb.

Yr oedd gan Piper Donash ddeubeth a hyrwyddai ei daith drwy'r gors gyfalafol. Iesu Grist oedd y naill beth. Un gyda'r nos mewn cyfarfod cenhadol yr oedd gŵr busnes, ffrind i'w dad, wedi bod yn awyddus iddo ei fynychu, ac yntau ar drothwy ei ugain oed, bu i'w fywyd hir blaenorol gael ei chwyddo gan un neu ddwy o adnodau o'r Beibl yn ffair wagedd o bechodau dychrynllyd, daeth yr Arglwydd ar oslefau acenion soniarus efengylydd o Tennessee i'w galon i fyw. Gweddïodd yntau yn y fan a'r lle am faddeuant ac fe'i cafodd ymhen yr wythnos yn siâp deng mil o bunnau i gychwyn pethau.

Ei bersonoliaeth hawddgar oedd y peth arall. Personoliaeth a ymgorfforwyd rhywsut yn nhôn ei lais. Llais a ymdebygai i siffrwd y dail; dail yr hydref a feddyliaf, yn bob lliwiau – a phetawn yn gorfod dewis lliw i'w lais, melyn ysgafn fyddai yn tueddu tuag at oren egwan – yn dwmpathau bychain hwnt ac yma, a daw'r awel a'u pryfocio yn hytrach na'u procio, nes creu y sŵn isel, hyfryd i'r glust hwnnw: llais fel yna oedd eiddo Piper Donash. Ond, wrth gwrs, pan symudir y dail fcl hyn daw, weithiau, wiber o'i hanner cwsg i'r fei. Fe'i deffroir, hi a'i gwenwyn. Yr oedd yn Piper Donash wiber gysglyd o'r fath. Y mae dicter sydyn dyn-mwyn-ar-yr-wyneb yn gan mil gwaeth na gwylltineb dyn sy'n barhaol flin drwy'r adeg.

Ond dyna fo, wedi cywain geiriau fel hyn i ryw das o or-ddweud, mi fasa'n well petaswn i wedi benthyca o'r cychwyn cyntaf un o ymadroddion Mair Eluned am ddynion fel Piper Donash: 'Nefyr jyj e soseij bai uts fforsgin.'

'I so love here, you know,' sibrydodd Piper Donash yn ôl i glust Thanciw Mawr, 'they need to know that. They really do.'

Tarodd y cynghorydd lawes y gŵr ieuanc sawl gwaith.

'Sym' dy din,' mi glywa i lais Rachel wrth 'n ochor i. Dwi'n edrach arni hi, a mae'n edrychiad i'n deud: o'ni'n meddwl nad oedda chi'n dŵad.

'Wn i,' mae hi'n 'i ddeud yn hyglyw fel petai hi wedi darllen 'n edrychiad i, 'ond mi benderfynis yn wahanol. Rŵan sym' dy din.'

'Y peth lleia' fedrwn i neud,' meddai'r wraig o'r tu ôl i mi, yn amlwg iawn dwi'n teimlo er mwyn i mi fedru clwad, 'oedd troi fyny heno a Thanciw Mawr wedi ca'l tŷ i'r hogan 'cw fel yr atgoffodd o fi echdoe fel tasa raid iddo fo'n atgoffa fi.'

'A mae o'n un da hefo'i Grusmas bocs,' meddai'r wraig o 'mlaen i, sydd wedi troi rownd i gyfarch y wraig o'r tu ôl i mi ond gan edrach arna i. Hen olwg ffyrnig. A mae yna ddyn o'r un rhes â hi yn troi i nghyfeiriad i, a medda fo: 'Os dyfyd rhywun rwbath yn erbyn Thanciw Mawr mi trown i hi o'r tu chwith allan. Gnawn mi wnawn dawn i marw myn diawl.'

'Pam pwy sy'n deud y petha' 'ma?' mae yna ddynas yn ei ddeud yn biwis o'i heistedd, ei phen yn ymddangos rownd ochr Rachel gan sbio arna i.

Rhwsut mae rhyw amgyffrediad yn lledu drosta i fod pawb yn lle 'ma'n edrach arna i. Fel petawn i mewn llun gan Bruegel. Megis y llun o'r wraig a gyhuddwyd o odineb. Ond meddwl hynny ydw i. Mae'r dyn yn gwenu arna i rŵan. Mae Rachel yn gwasgu mhenglin i fel bydd hi pan fydd hi'n teimlo'n garuaidd ata i. Hwyrach mai meddwl am Bruegel a'i lun sy'n gneud i mi gofio fod mam wedi deud 'i bod hi yma. Dwi'n edrach amdani hi.

Mae'n llgada fi'n llif-olau hyd y dorf. Mae 'na ddynion, dri n'bedwar ohonyn nhw, mewn siwtiau duon yn cerdded i fyny a lawr ochrau'r cadeiriau yn sbio ar bobol, un ohonyn nhw fel petai o'n siarad i fyny ei lawes. Dwi'n gweld panda mawr du a gwyn yn ista ar un o'r seti yn ganol yr hôl. Dacw hi mam. Am ryw reswm dwi'n trio ca'l 'i sylw hi. Os sylla i'n ddigon hir, hen dric ydy hwn o mhlentyndod i, mi droith i nghyfeiriad i. Ond tydy hi ddim yn gneud. 'Nath y tric 'rioed weithio. Ond nid oherwydd 'i fod o'n gweithio yr ydw i'n dal i neud o. Dwi'n teimlo fod mam wedi ngweld i ers meityn ond nad ydy hi'n cymryd arni. Oherwydd fod Rachel wrth 'n ymyl i mae'n debyg. 'Ddaw 'na ddim daioni o dy berthynas di hefo'r ddynas 'na,' mi clywa i hi'n deud.

'Ladies and gentlemen,' meddai llais o'r llwyfan.

Dwi'n troi i edrych a gweld yr un y ma' pawb ffor' 'ma yn 'i alw'n Thanciwferimytj, ne' rwbath fela', ar 'i draed. Maint ei ben o'n rhwbath rhyfeddol, debycach i ben-ddelw na phen go iawn, tonnau ei wallt o'n llawn olion y cynion hyd y marmor.

Pishyn go handi, waeth mi ddeud ddim, yn ista wrth 'i ochor o, taswn i ddat wê inclined fel sa rhan fwya o'r rhein o nghwmpas i yn 'i ddeud ac yn disgwl i mi fod, wrth gwrs.

'Cymraeg!' mae rhywun yn 'i weiddi o'r llawr; llais y dylswn i nabod. Dwi'n troi rownd i edrach fel pawb arall mae'n amlwg. Mi wela i'r hogyn ifanc 'ma ar 'i draed. A dwi'n gwbod mod i 'di weld o rownd coleg.

'Wrth gwrs!' mae Thanciwferimytj yn 'i ddeud, 'ca'l y Susnag o ffor' ydw i gynta.'

Mae pawb yn chwerthin. Beth bynnag oedd y boi bach 'na'n bwriadu 'i neud nesa', mae'r gwynt wedi ca'l 'i dynnu o'i hwylia' fo gan un sy'n hen law ar betha fel hyn, a mae o 'di ista lawr bron yn sidêt fel hogyn da.

Un sâl am brotestio fûm i 'rioed. Falla mod i'n teimlo'n euog o bryd i bryd am hynny. Sgin i unrhyw egwyddorion? Sgin i ddim llai na neb arall yn fa'ma. A mi wn i 'rioed nad ydw i wedi licio neb fawr hefo egwyddorion, er i mi ga'l rhyw fath o grysh ar Gandhi unwaith pan o'n i tua'r pymtheg oed; ta crysh ar Mus Huws Hanas oedd gin i am fod gan Mus Huws Hanas ei hun grysh ar Gandhi? Syblimeshyn 'di gair am beth fela dwi meddwl.

Dwi'n ca'l pobol hefo egwyddorion yn betha sduff fel procar, fel mae mam yn deud, rhy neis i gachu, fel mae mam yn 'i ddeud eto ar ôl dau lasiad o win. Pwy dybad oedd gwir gariad Mus Huws Hanas?

Mae'r pishyn ar 'i draed. Mae o'n darllen yn llafurus ddiawledig o ryw bishyn o bapur:

'Rue v in car-he avon ye Diefor ah po-bulb avon ye Diefor.'

Be' uffar udodd o?

Mae raid mod i 'di colli'r resd yn hel meddylia am Mus Huws Hanes oherwydd mae Pen-Balzac-gan-Rodin ar 'i draed eto yn curo 'i dd'ylo a'i rent-a-crowd o o nghwmpas i yn 'i gopïo fo.

Mae Rachel wedi troi i edrach arna i, ei bys hi'n mynd nôl a blaen i'w cheg hi. Ia, chwdlyd dwi'n cytuno drwy grychu'n nhrwyn. Dwi'n gwasgu nghlun i'w chlun hi.

Mae'r pen ddelw yn codi ei dd'ylo ithfaen i'r aer i ddirwyn y gymeradwyaeth i ben – mae'r pishyn yn swil i gyd – a medda fo i gyfeiriad yr Adonis:

'Fel y clywsoch chi, deg ar hugain o swyddi parhaol, thirty permanent jobs. O leiaf can swydd arall rhan amser. Over a hundred well paid part-time positions. Gwaith. Gwaith. Gwaith. Work. Work. Work. Unrhyw gwestiynau? Any questions? Nagoes. No. Fe ddangoswn ni'r ffilm felly. We'll show the film in that case.'

'Hanner munud, de,' meddai llais o'r llawr a dyn yn codi i ddilyn ei lais ei hun, llais y medrech daeru mai dynwared acen ogleddol ydoedd er mwyn gwneud ei hun yn un ohonom ni, ond mai o rywle arall pell i ffwrdd y daeth yn wreiddiol, 'Cymdeithas subaltern sydd yma heno, de. Ac unigolion subaltern, de ...'

'Cau dy geg y second lyfftenant diawl,' gwaeddodd rhywun ar ei draws, 'ti 'di ca'l dy hannar munud. Dos 'nelo hyn 'im byd â'r armi. Gwaith sy'n ca'l 'i drin yn fa'ma. Gwaith! Ti'n dalld!'

Dechreuodd y dorf weiddi: Gwaith! Gwaith!

Oherwydd gwaith yw popeth.

Ysgubodd y Thanciw Mawr ei law ar hyd y dorf i'w thawelu.

Dwi'n teimlo penelin Rachel yn 'n 'senna' fi a dwi'n troi rownd o'r holl gomosiwn sy' wedi mynd â bryd pawb, a mae hi'n gwyro'i phen i gyfeiriad ymyl y llwyfan lle mae'r panda welish i gynna' wedi ista'n slei bach. Mae Rachel yn wincio arna i, ac wrth gwrs mod inna'n nabod y fraich sy'n dal y panda yn ei le rhag syrthio. A mae wyneb Myrr Alaw yn piciad i'r fei rownd bol y panda, ei sodla' hi'n cicio'n rhythmig yn erbyn pren y llwyfan.

'Brensiach y byd,' mae Thanciwferimytj yn ei ddeud yn deffro i bresenoldeb yr anifail gan feddwl, mae'n debyg, mai rhyw fath o brotest nad oedd o wedi ei rhagweld oedd hyn; rhywbeth enfairomental ma' siŵr sy'n mynd drw' 'i feddwl o. Mi wela i o'n rhythu ar y dynion mewn siwtiau sy'n sefyll yn yr ochrau. Mae un ohonyn' nhw'n cythru am y llwyfan. Mae Thanciwferimytj yn codi 'i law i'w atal o, oherwydd mae'n debyg, 'i fod o bellach wedi gweld Myrr Alaw sydd rŵan yn tynnu'i thafod arno fo. Mae'n debyg 'i fod o wedi gweld rhyw debygrwydd yn wyncb Myrr Alaw i rywun yr oedd o yn ei nabod o bryd i'w gilydd, rŵan ag yn y man fel 'tai.

'Wel! drychwch,' mae o'n 'i ddeud yn wên i gyd i gyfeiriad y panda a'r hogan fach annwyl, ddireidus sy'n gofalu amdano, 'wel! drychwch,' a thôn ei lais a'i holl ymarweddiad yn rhoi ar ddeall fod plant a phlentyndod yn gyfandir o brofiad hollol ddieithr i'r dyn hwn, 'rosa di'n fa'na, mechan i, a mi ddangoswn ni y ffilm. Diffoddwch y golau. Cut the lights.'

Pefriodd sgwâr mawr ar y wal o'u blaenau yn wynder crynedig. Ar y gwynder diflannodd rhifau duon o ddeg i ddim bron mor gyflym ag yr ymddangosent. Yn fychan, fychan ar y cychwyn hofrai un defnyn tryloyw o ddŵr gan chwyddo'n fwy ac yn fawr nes llenwi'r sgrîn a chynnwys o'i fewn y geiriau: Donash Leisure Ltd; wedi crebachu ei faint a syrthio gyda'i neges yn araf, araf i'r cylchoedd tu mewn i gylchoedd trobwll afon, a mynd ar goll yn y dŵr. Ar foment ei chwalu dechreuodd ý miwsig: y math o fiwsig sy'n cadw pobl yn ddiogel ar wyneb eu teimladau a'u galluogi i osgoi unrhyw ddyfnder mewn dŵr bas emosiynol, yno i'w suo i beidio meddwl yn ormodol am ddim byd, ac i gau'n bêr, gord wrth gord, ddrysau'r ystafelloedd ynddynt ymhle y mae'r annifyr a'r dryslyd a chwestiynu milain y gydwybod yn trigo: miwsig i'n merwino. I gyfeiliant y trils a'r arpegios tywalltai'r afon ei hun dros gerrig a thrwy agennau rhwng y meini; cangen fel braich gof yn curo ar wyneb y dŵr gan wreichioni goleuni ohoni. A chlywyd y llais: 'Through this land of myths and legends, princes and poets, flows the river Diefor ...' ac ymlaen ac ymlaen oherwydd beth arall yw Cymru ond majic land?

Fel y llifa'r dŵr drwy'r miwsig, ac fel y llifai'r llais drwy'r ddau, animeiddiwyd y Cynllun a fyddai'n creu swyddi galôr, a diwedd ar bob cyni, ac fel ernes o hynny gwenai tad a mam a fathwyd yn ddi-fefl o groth cyfrifiadur, eu dau blentyn perffaith, un o bob un, o boptu iddynt, a'r teulu dedwydd yn chwifio'u dwylo o flaen iwrt. O'r dŵr yn gartwnaidd, annwyl neidiodd dau frithyll delaf a welwyd i wynebu ei gilydd rhwng swigen araul a gynhwysai'r geiriau allweddol: Donash Leisure Ltd a throi'n logo. A'r diwedd.

Trwy gydol y dangosiad o'r ffilm yng ngodre'r sgrîn, os sylwodd unrhyw un, yr oedd dau fryncyn bychan: corunau'r panda a'i hamddiffynnydd.

Yn y cyntedd ar y ffordd allan yn edrych ar y cynlluniau yr oedd dau ddyn:

'How do you say that?' holodd y naill a'r llall am yr ynganiad cywir o'r gair Eifionydd yr oedd ei fys yn rhedeg ar ei hyd.

'Wel,' atebwyd, 'I was told to think "I-phone" with "add" at the end. So: "I-phone-add".'

'I-phone-add,' meddai'r llall, 'well, I never,' wedi dysgu o'r newydd hen enw Cymraeg.

Fel o nunlla dwi'n cofio mor glir i Mus Huws Hanas farw pan oedd hi'n dri deg a dau hefo cansar ar yr ofaris. Dwi'n edrach ar Rachel. Mae hi'n edrach arna i. Mae'n llgada i'n lleithio. Y funud hon dwi'n sylweddoli fod yna rywun yno i sydd ddim wedi stopio crio erioed. Am Mus Huws Hanas ac am bob uffar o bob dim arall. A mae 'na banda yn ymddangos rhyngo i a Rachel.

'Dowch o'ma wir dduw,' mae Rachel yn ei ddeud, 'ma 'na ffor arall o stopio petha fel hyn ddigwydd. Ffor' lawar gwell.'

●

Yma eto heno'n hun bach yn y Tŷ Coch. Ni wn i pam mod i'n deud "n hun bach' – tinc o hunan dosturi'n fa'na dybed? Fel petai yna lond gwlad i ddŵad yma hefo fi. Mi wn fod yr adegau y medra i ddŵad yma yn prinhau. Mae yna rywun neu rywrai wedi bod yma heb os. Myrr Alaw? Synnwn i fawr. Er nad ydw i wedi 'i gweld hi ers dwrnod y cnebrwng. Ddylswn i boeni am hynny? A hitha' mi wn yn gwbod yn iawn. Ydw i am resd o f'oes yn mynd i orfod cadw un lygad ... Ond mae 'na rywun 'di bod. Mi osodis i damad o eda' hefo dwy ddroin pun o waelod pren y drws cefn i bren y postyn fel pan fasa'r drws yn cael ei agor y bydda'r eda' yn torri. Dyna fel roedd petha' gynna', a'r eda' 'n ddau ddarn. Welis i hynny'n ca'l i 'neud ar ryw ffilm esbionash un tro.

Hefo'r dyddiad wedi ei sgwennu wrth odra' ambell un dwi'n mynd trwy'r llyfr o ffotograffau. Un i bob tudalen. Hwn: Rachel tua'r un oed â fi rŵan. Pen a 'sgwydda'n unig ydy pob un. (Bron iawn na fasa chi'n deud mygshots.) Ar wahân i'r un cynta' – hi'n fabi ar lin ei thad. Pryd ddechreuodd hi 'neud hyn? A pham? Mae 'na rwbath yn deud wrtha i mai'r un cynta' 'na ohoni hi a'i thad oedd yr ola' iddi hi ei roid yn y llyfr. Iddi hi un noson yn fa'ma ma' siŵr gyrraedd y diwedd, neu benderfynu ar y diwedd a mynd wedyn i chwilio am y dechra', cofio am y llun, hwnna ohoni hi a'i thad, a'i osod o yn ei le.

Ond go-iawn, go-iawn, hwyrach mai hwn oedd y cynta' : yr un ohoni tua'r un oed â fi rŵan. Iddi hi gael rhywun i'w dynnu o hefo hen Brownie – mi soniodd hi un tro am y Brownie a'r llunia digon bethma', a'r cemust yn bygwth polîs – ac iddi benderfynu o hynny ymlaen y bydda hi'n tynnu llun ohoni hi ei hun bob blwyddyn, y pen a'r 'sgwydda'n unig fel mygshot. Yr edrychiad ded pan, 'run emosiwn, 'run teimlad, 'run cliw i ddeud lle na phryd. Ar wahân i un. Hwn, sydd wedi ei ddyddio, un o'r ychydig sydd wedi ei ddyddio, 12:1:74, a mae colar ryw fath o iwnifform yn golwg a rwbath yn debyg i seren ar y defnydd, ma 'na bigyn yn golwg beth bynnag. Pam rhoid dyddiad ar hwnna? Be' oedd yr arwyddocâd tybed?

A'r ola' un. Fa'ma tynnwyd hwnnw. 'Dos na'm dowt. Hi! Hi fel yr ydw i isho'i chofio hi. Falla ma'n llgada i sy'n chwara tricia, ond mae 'na awgrym o wên yn fan hyn. Fel petai hi'n hapus o'r diwadd? Neu fel petai hi'n deud: Dwi'n dy weld di'n sbio, Egwyl. Fel y gwyddwn i y byddat ti. Fel petai hi'n hapus o'r diwadd. Mi liciwn i roid hwn mewn ffrâm rywbryd.

Sŵn drws yn cau oedd hwnna?

Dwi'n gwrando.

Dim byd ond yr afon.

Dwi'n clwad petha, mwn, yn union fel dwi'n dechra gweld petha.

●

'Rho rhein amdanat reit sydyn,' medda Rachel yn crwydro o'r llofft wely yn 'i blwmars a'i bra, finna newydd gamu dros y rhiniog wedi ufuddhau i'r wŷs a ddaeth ben bora 'ma hefo'r Hen Ddyn Wyatt: 'Ma Musus Tŷ Coch isho chi yno 'chydig wedi iddi dwllu a phidiwch â bod yn hwyr diolch yn fawr'; a mam yn tantro wedyn mod i'n 'troi hefo caridyms y lle 'ma 'di mynd wir. Y Wyatts rŵan. Pwy nesa'?' a hynny i mi oedd beth bynnag ydy'r fersiwn Gymraeg o ddy sdrô ddat brôc ddy camyls bác, a mi ddudis yn ddigon sidêt: 'A ma siŵr ma' Huw ydy crem-dy-la-crem y lle 'ma.'

Dwi'n cymryd y dillad oddi arni hi a sbio arnyn nhw.

'Rachel,' dwi'n 'i ddeud, 'rhein oedd y dillad drïis i yn y siop Oxfam ba ddwrnod.'

'Dybad?' mae hi'n atab ac yn troi am yn ôl i'r llofft gan

ddeud wrth fynd, 'Hastia! Ond paid â gwisgo'r plumsols. Mae 'na bâr o sgidia styrdi i ti yn fa'na. Mi wyddwn dy seis di.'

'Dwi'n edrach yn hurt mewn bleisyr ar noson fel hon.'

'Dyna'r pwynt,' mae hi'n 'i weiddi o'r llofft, 'pa fath o ddyn fydda'n gwisgo bleisyr ar noson fel hon?'

A mae hitha'n ymddangos o'r llofft yn y dillad gangster rheiny. Yr het hefo'r 'Grand Marnier' ar ei phen.

Calla dawo ydy hi mwn.

'Mi awn ni. Ty'd. Rho'r sgidia 'na am dy draed.'

'I lle?' dwi'n holi.

A ninna rŵan ar lwybr yr afon, medda hi:

''Dawn ni ddim gin bellad â'r bont. Neu mi orfodith hynny ni i fynd ar hyd y lôn bost. Ffor' 'ma yli.'

Gafaelodd Rachel yn llaw Egwyl a'i thynnu i mewn i'r goedlan. Tynnodd math o fflachlamp fechan o boced siaced ei siwt dybl-bresded, Al-Caponaidd a'i chynnau, ond nid oedd goleuni i'w weld yn dyfod ohoni. Daliodd hi o'i blaen serch hynny, ac ymddangosodd yn rhyfeddol gylchoedd bychain araul âr foncyffion y coed. Yn rhyfeddol ar y foment honno daeth ei llais ei hun o'i phlentyndod i'w chlyw yn holi ei mam: 'Lle'n union mae Gwlad o Hyd a Llefrith?' Ond yr hyn y mae hi'n ei fynegi i Rachel ydyw: ''Da ni fel tasa ni mewn ffilm Wolt Dusni.' A mae Rachel yn rhoi ei bys yn erbyn ei gwefusau iddi fod yn dawel. Yn ddiffwdan acth y ddwy law yn llaw rŵan yn eu blaenau o gylch i gylch, yn siapiau tywyll, ar hyd llwybr a oedd wedi ei baratoi mae'n amlwg rhagblaen.

Yn y man, a gan wthio a gwasgu eu hunain rhwng dwy goeden lawryf, daethant i ymyl lawnt, ac ym mhen pellaf y lawnt, gwyddai Egwyl yn iawn bellach, yr oedd Plas Tâl Erw, cartref erbyn hyn Piper Donash.

Deallodd Egwyl rhywbeth. Ond fod geiriau am y rhywbeth hwnnw ar hyn o bryd yn ei chrebwyll yn mynd oddi wrth y rhywbeth yn hytrach na'i rwydo a'i ddal mewn diffiniad a manylder. Cyflymodd ei hanadl, a churodd ei chalon yn drymach, a hynny a roddodd yr eglurder iddi, yn sgîl llwfdra geiriau a'u gogwydd gor-aml tuag at lastwreiddio pethau, tuag at, yn wir, anwiredd. Edrychodd ar Rachel. Ond yr oedd Rachel eisoes yn edrych arni hi, a meddai wrthi drwy sibrwd: 'Misho ti fod ofn sdi.' Ysgwydodd Egwyl ei phen un neu ddau o weithiau i gytuno â hi nad oedd raid iddi ofni dim byd siŵr iawn.

Yma'n sbio arna ni ar riniog ei ddrws ffrynt, goleuni cynnas, meddal y tu ôl iddo fo, mae Piper Donash. Ydy o wedi deud rhwbath i'r perwyl 'i fod o 'di meddwl mai rhywun yn canu carola' oedda ni. A rhwbath od, rhyfedd, cyfareddol yn mynd trwy mhen i wrth glwad i lais o'n deud hynny. Llais sy'n rhwbio'i hun ynoch chi fel cath bach yn gneud ffigyr-of-êt rhwng 'ch coesa chi. Ond mae o wedi deud rhwbath yn neis iawn wrtha ni. Mae'n rhaid mai wedi i Rachel godi ei llaw i'w gyfeiriad o yr ydw i yn sylwi ar y clwstwr o rosod sy'n hongian ar bostyn llydan a chrand y drws, y gola' a ddaw o'r tŷ yn pigo allan hwnt ac yma eu cochni, ar hyd eu hymylon yn enwedig. Wrth i Rachel dynnu ei llaw am yn ôl, mae'r clwstwr yn symud am i lawr yn araf, yn ffrydiau bychan ar hyd y postyn. Mae llaw Piper Donash ar ochor ei wddw fo, a rhwng agennau ei fysidd mae ffrydiau erill o ... waed. Gwaed, hwnna ydy'r gair. Mae o'n edrach arna ni. Mae o'n disgyn ar 'i benglinia. Mae o'n troi ar 'i ochor i'r llawr. Be' haru o?

Ma'n rhaid fod Rachel yn gweld rhedag yn fy llgada i. 'Cerddad,' mae hi'n 'i ddeud yn tynnu yn 'y mraich i'n 'rafu fi, 'amaturiaid sy'n rhedag.'

'Da ni'n cerddad ar draws y lawnt yn ôl. Mae'r lawnt yn teimlo'n gyfandir i mi.

'Get up, Daddy,' dwi'n 'i glwad yn fyngus drw'r-be-chi'n-galw sy' rwsut 'di merwino nghlyw i. A llaw Rachel yn dyner ar 'y nghefn i i nghadw fi yn 'n lle.

Da ni'n mynd rhwng y ddwy goeden lawryf dwi'n meddwl. Gwthio a gwasgu. Dwi'n stopio. Plygu. A chwdu mherfadd.

''Na ti,' mae Rachel yn ei ddeud yn dobio nghefn i'n ysgafn, 'chwda'r cwbwl. Y cynta ydy'r anodda bob tro sdi. Mi fyddi di'n o-reit o hyn ymlaen. Mi fyddwn ni'n nôl yn Tŷ Coch reit handi.

Mi newidiwn. A mi fyddwn yn 'rysgol mhen dim i weld Myrr Alaw yn nrama'r geni. 'Di hi ddim yn hannar awr wedi chwech eto.'

A ninna ar fin dŵad o'r coed i lwybr yr afon yn ôl, mae hi'n troi rownd a rhoid 'i llaw ar 'y mhen i fel petai hi'n fy eneinio fi'n etifedd iddi, a deud:

'Cofia di fod trais yn gwithio bob amsar. Paid ti â gadael i neb drïo dy berswadio di'n wahanol. A chofia di hefyd fod trais ar ei effeithiola pan mae pobol yn meddwl eu bod nhw saffa. Drama'r geni amdani.Ty'd!'

●

A daeth yr angel Gabriel, hogyn y flwyddyn hon.

'Ma' gin i lawenydd mawr i chdi o newyddion da, Myrr Alaw.'

Cododd Gabriel ei law i'w geg ac edrych o'i gwmpas mewn penbleth; Myrr Alaw yn dobio'i bresd, ac mewn islais a glywai pawb, meddai:

'Fijin Mêri!'

'Wn i, Myrr Alaw,' atebodd Gabriel, 'ma' chdi di Fijin Mêri a ti'n mynd i ga'l babi a mi fydd o'n redwr.'

Daeth rhywbeth dros y Fijin Mêri y munud hwnnw. Edrychodd ar bawb. Fe'm gwelodd i. Edrychodd un o'r athrawon ar ei sgript, ac ar y Fijin Mêri, ac ar y sgript drachefn.

'Dwim isho fo,' meddai'r Fijin Mêri yn ddifrifol iawn, 'dwim ffwcin isho fo.'

Edrychodd dwy athrawes ar ei gilydd.

Dechreuodd Rachel guro'i dwylo. A finna. Ac un neu ddau arall. A 'chydig mwy. A mwy fyth. Bron bawb.

Gwthiodd y prifathro y bugeiliaid i'r llwyfan.

●

Dwi'n edrach ar y sêr. Llond-bocs-o-binna'-hyd-lawr ohonyn nhw.

Mae Rachel yn 'y ngweld i'n gneud.

'Waeth ti heb â sbio i fyny fa'na,' mae hi'n 'i ddeud, 'does 'na 'm byd yn fa'na. A fuodd 'na 'rioed.'

Parhau i edrach 'na i ar y myrddiynau o sêr yn yr entrychion.

'Mae hyn yna i gyd yn bod,' dwi'n 'i ddeud a'n llaw i'n codi'n ara' i ddangos rhyfeddod bod iddi hi.

'Da ni'n dwy yn gydradd heno,' mae Rachel yn ei ddeud yn troi ata i, hanner gwên yn dechra' ffurfio ar 'i gwynab hi, hanner-gwên-gwbod-bob-dim.

'Ydan tydan,' a 'run teimlad o fath yn y byd yn fy mhlagio fi erbyn hyn; rhyw drothwy i aeddfedrwydd wedi ei groesi tu mewn i mi, mwn.

'Mi rosi heno debyg,' mae hi'n 'i ddeud.

'Debyg.'

●

O ddrws tywyll siop Pritchard Bach Siop petai unrhyw un yn edrych, fe ellid gweld sglein blaenau ei esgidiau, cwafar araul angar ei anadl, ymyl ei het porc pei 'n gloywi fymryn.

●

'Iesugwyn, dwnim be' dduda nhw amdanat ti wir, ond mi o'n i'n uffernol o prowd,' meddai Mair Eluned wrth fynd heibio, y Fijin Mêri 'n dal yn ei glas wrth ei hochor hi.

●

Pwy ddywedodd erioed fod y nos yn dywyllwch? Ffurf wahanol ar oleuni ydyw.

●

'Sut ma' ca'l pasport?' medda mam, a finna yn agor drws cefn yn barod i gerddad i mewn i'r tŷ, hi a'i chwestiwn wedi bod yn aros amdana i, mi wyddwn yn iawn, yn enwedig y cwestiwn, oherwydd yr ateb disgwyliadwy oddi wrtha i i fod ydy: "Rargol, i lle da chi'n ca'l mynd?' ac oherwydd mod i'n teimlo'n hapi-go-lyci bora 'ma dwi ddim am fod mor grintachlyd ag ateb yn ffeithiol gywir drwy ddeud 'post offis' a'i siomi hi, felly dwi'n ildio i'r disgwyliadwy, rhagrithiol: "Rargol i lle da chi'n ca'l mynd?' dwi'n 'i ddeud wrthi hi.

'Wel,' medda hi, 'cau drws gynta,' finna'n cau'r drws ar yn ôl a'i wynebu hi, hitha'n wên o glust i glust, 'mae Graham ffrind Huw isho mi fynd hefo fo i'r Ailand of Cos, a ma' Huw chwara' teg iddo fo'n ddigon opyn i'r eidia.'

'Mam!' dwi'n 'i ddeud ar 'n union o ryw le yno' i lle mae'r Deg Gorchymyn, petawn i o hyd yn medru 'u cofio nhw yn eu trefn, yn dal i fodoli ma' raid, 'faint o fêts fela sgin yr Huw 'ma fel ...'

'Hei! dyo'm byd o'r fath. Be' ti feddwl ydw i, ryw botal wisgi ma' pawb yn ca'l joch ohoni yn 'u tro? Ma' Graham yn priodi hefo Richie ar yr Ailand of Cos a mae o isho i mi ganu'r piano yn y briodas a ma' fodlon talu am bob dim.'

'Neis,' dwi'n 'i ddeud yn teimlo'r gwynt yn mynd o'n hwylia fi, 'neis. Braf.'

Dwi'n penderfynu peidio gofyn ydy Huw yn mynd â'i wraig hefo fo oherwydd hynny ydy ystyr 'digon opyn i'r eidia' oherwydd ei fod o 'di gwithio petha' allan, y lojistics, y bydd 'i wraig o yn 'i helfen ymysg gwragedd cibddall erill a digon o haul a gwin iddyn nhw gyd, a mam yn ddigon llywaeth i beidio gneud ffŷs a diolch am y smôl myrsis naw and agen. Y mae'n rhyfeddol i mi y cyn lleied y mae pobol yn fodlon setlo amdano gydol eu bywydau, a'u diffiniad nhw o hapusrwydd yn cymryd llai o le yn eu teimladau nhw wrth i siomiant ar ôl siomiant deilwra 'i ddefnydd o hefo 'u sisyrnau.

'Dowch!' medda fi yn cydiad yn 'i braich hi a digon o'r ysbryd hapi-go-lyci ar ôl yno i, 'ddo' i hefo chi i'r post i nôl y fform.'

A finna ar fin rhoid 'y nhroed ar stepan y mobail post offis sydd wedi ei pharcio bob bora Merchar fel heddiw yn y parcing, mi wela i law Surul Stamps yn gneud arwydd Holt! o'r ochor arall i'r cowntar, a dwi'n meddwl ma'r diawl yn 'n rhwstro ni ddŵad i mewn, ond wedyn dwi'n clwad 'i lais o'n darllan o'r papur newydd sydd ar agor ar y cowntar o'i flaen o, ac am i mi beidio â thorri ar 'i draws o hefo rhyw helo, a ma mam a fi fel tasa ni mewn gêm o statjws yn fferru'n 'n ·hunman a gwrando:

'Mr Donash suffered a violent attack outside his home and in front of his seven-year-old daughter. The two male per ... per ...,' dipyn o strygl yn fa'na rŵan hefo'r gair, 'per ... pertyn-traitors fled the scene.'

A medda'r ddynas sydd ar 'y chwith i mi, hefo gwynab fel resting bitj: 'Mae isho dŵad â'r deth penalti yn ôl.' Mae llaw Surul Stamps yn symud i'w chyfeiriad hi. 'Ma crogi 'n rhy dda iddyn nhw,' medda'r dyn tu ôl iddi hi, dyn sy'n amlwg ar ryw sbectrym neu'i gilydd – a dw inna'n meddwl be' fydd second besd ta? Lectrig tjer? A ma' llaw Surul Stamps rŵan yn symud ato fo, a chario 'mlaen i ddarllan:

'cawsiyli ... casually. In a statement issued through his sol-us-tyrs, Mr Donash, who is still recovering in hospital, said that the attack had strengthened his Christian views, that he had forgiven his assailants, and that he had sub ... sub ...,' mae o'n mwngial rhwbath annealladwy, ond 'subsequently' ydy'r gair, 'found deeper values to which he wished to devote the rest of his life ...'

A mae o'n stopio'n sydyn, codi ei olygon o'r papur a sbio arna i. A ma'r dyn ar y sbectrym a'r ddynas gwynab resting bitj yn gneud yr un peth.

'Be da chi'n 'i feddwl, Egwyl?' mae o'n 'i ddeud.

A mae'r sbio arna i yn troi'n rythu arna i. A'r deud dim rhyngtho ni, er nad ydy o ond eiliadau, yn dwysáu. Dw inna'n codi'n 'sgwydda'.

'Be ga' i 'neud i chi'ch dwy?' mae Surul Stamps yn 'i ddeud a rhwbath drwy'r lle'n llacio.

'Isho fform pasport,' dwi'n 'i gyfadda.

'I chi, Egwyl?' mae o'n croesholi.

Dwi'n rhoid 'n llaw o'r tu ôl i mi i rwstro mam rhag deud dim byd. Mae Surul Stamps yn gweld ac yn edrach ar mam fel 'ta hi'n rhyw fath o acsesori tw ddy craim.

'Ia,' dwi'n 'i ddeud wrtho fo.

'Ac i le da chi'n ca'l mynd, Egwyl?'

Codi'n sgwydda ydw i eto.

'Neis iawn fan'no,' medda fo, 'neis iawn hefyd.'

Ond does 'na'm symud o'i ochor o tuag at unrhyw fform, mond sbio arna i. Tydy'r ddau arall 'chwaith ddim wedi tynnu eu llgada oddi arna i fel taen nhw'n rhyw reithgor.

'Wel,' dwi'n 'i ddeud, 'sgynno chi un?'

'Fel mae'n digwydd,' medda fo, 'ma' gin i un ar ôl cofiwch. Dyna chi lwcus yda chi wedi bod, Egwyl.'

Penderfynaf ddal 'n llaw am allan.

Ma' fynta'n troi at y cwpwrdd y tu ôl iddo fo, ei agor o, gneud rhyw sŵn dau nodyn, mm-lm, curo'i fysidd ar hyd ymyl y silff, cael hyd i'r fform, troi, a'i dal am allan i nghyfeiriad i. Dw inna'n cydiad ynddi hi. Fynta'n dal 'i afael.

'Llenwch hi'n Gymraeg, Egwyl. Mi gewch y pasport yn gynt wedyn.'

A llacio'i afael.

Dwi'n nodio arno fo, i ddynwared diolch, gwthio mam am allan. 'Tra!' medda honno, mwya gwiriona hi.

'Lle oedda ni dwch cyn yr intyrypshyn bach yna?' mi glywa i o'n deud, 'O ia. Councillor Humphrey Lloyd who wished to thank ...' a mae'r llais yn mynd yn anhyglyw nes diffodd yn llwyr.

'Bc' o ti isho deud mai i chdi oedd y fform?' mae mam yn 'i ddeud, y ddynas ddiniwad ag ydy hi.

'Er mwyn 'ch gwarchod chi, mam,' dwi'n 'i ddeud.

●

Yr oedd dŵr yr afon yn cronni'n farfau gwynion o gwmpas genau'r cerrig, nes gwneud i'r ychydig bellach a wyddai hynny feddwl am wynebau hoelion wyth y Methodistiaid yn eu fframiau llonydd ynghrog ar waliau y festrioedd tamp, distaw, llychlyd, cloëdig.

●

'Consyntreitiwch ar y fform, mam,' dwi'n 'i ddeud wrthi hi yn 'i gweld hi'n rhyw hel meddylia a sgwennu 'run pryd, 'os ewch chi dros y lein ...'

'Meddwl am yr hogan fach 'na dwi yn gorfod gweld 'i thad ...' a mae hi'n codi phen i sbio arna i fel petai rhwbath ... 'odda ti'n gwbod?'

'Sut fyddwn i'n gwbod? 'Rŵan consyntreitiwch. Os ewch chi dros y leins mi fydd raid ni ddechra o sgratj. A gorod mynd i nôl ...'

'Ia, doedda nhw ddim yn neis yn nag oeddan? Mi gafodd 'i wraig o dipyn o laiff hefo Surul Stamps sdi. Meddan nhw de.'

'Lle 'da chi arni 'rŵan?'

'Dwnim lle ma'n byrth syrtifficet i. Wyddost di? Dwnim gafodd mam un ... Wt ti meddwl 'sa dy ddynas di, dynas 'rafon 'na, yn be ydy'r gair dŵad?' a mae hi'n darllen o'r fform, 'ardystio i mi?'

Mae hi'n sbio arna i'n hollol ddiniwad. Y math o sbio diniwad sy'n llgada plentyn pan da chi'n gwbod yn iawn 'i fod o wedi gneud yr hyn yr yda chi wedi ei gyhuddo fo o neud. Mae nhw mewn i fel jeli.

'Fedra ti ofyn iddi?' mae hi'n 'i ychwanegu a rhywbeth fel stîl bellach yn 'i llgada hi. Y diniweidrwydd wedi mynd.

'Sut medar hi? A hitha ddim yn 'ch nabod chi.'

'Yn te hefyd,' medda mam, 'nabod pobol,' medda hi, 'ew! Nabod pobol.'

A mae hi'n dychwelyd at lenwi'r fform.

Dw inna'n gwbod fod raid i mi gyrraedd Tŷ Coch oherwydd

mod i'n grediniol fod yna rwbath mawr wedi digwydd i Rachel, rhwng y shinanigans 'na yn y post a rŵan be' sy'n teimlo fel magl mam, a'r seiren polîs rhyw awran yn ôl, er i mi drïo darbwyllo'n hun mai seiren ambiwlans oedd hi, seiren polîs oedd hi, a dwi'n gwbod fod rhwbath mawr wedi digwydd i Rachel.

'Mam ...'

'Ia, cer di yli. Mi fydda i'n hynod o bwyllog hefo'r fform ma. A mi ofynna i i Huw, yli, seinio. Does 'na neb yn nabod Elsbeth Piano erbyn hyn yn well na Huwcyn. Cofia di hynny.'

A mi wyddwn fy mod i wedi fy amgylchynu gan bethau oedd wedi darfod.

Tydy Rachel ddim yn stopio canu'r piano wrth i mi ruthro drwy'r drws. Dw inna'n sefyll yn stond yn fy unman. Mae hitha'n troi rownd.

'L'Isle Joyeuse,' mae hi'n 'i ddeud, 'mi o'n i isho Debussy sdi. Mae ambell i awran yn crefu Debussy. A gardd llawn lliwiau y teimladau.'

Ond yr hyn sydd wedi'n llygad dynnu fi ydy'r lupstic. Porffor. Dwi 'rioed wedi gweld Rachel yn gwisgo lupstic o'r blaen.

Mae hi'n dibennu'r miwsig ganol cord, swingio ar y stôl i nghyfeiriad i, a deud: 'Mi oedd 'na chwinciad o wynab yn y ffenasd. Wynab dyn. Ond digon i mi weld 'i fod o'n gwisgo het porc pei fel y dyn yn y film. Wsti am y film? Mi es allan ar f'union. Ond doedd 'na neb yna. Be' ddudi di am hynna?'

Yr hyn wela i ydy clymau strapiau tenau'r ffrog yn gorffwys ar groen brech ei hysgwyddau.

'Wel?' mae ei llais yn torri mewn i'n edrach i arni hi fel petai'r llais yn lleidr yn trio dwyn pethau ohono i. A'r brychni mor dlws.

'Hwyrach mai mond 'deryn oedd o,' dwi'n 'i ddeud er mwyn deud rwbath.

Ond mae hi'n edrach arna i â'r ffasiwn ddirmyg.

'Falla mod i'n sâl,' mae hi'n 'i ddeud, 'ond paid ti â meiddio awgrymu mod i'n dechra'i cholli hi. Dwi wedi dy drin di erioed fel oedolyn. Ac fel oedolyn yr ydwi'n gobeithio cael fy nhrin gin titha tan y funud ola'.'

Ond y gair 'sâl' yr ydw i wedi ei glywed gliriaf. Am wn i mai dyna'r unig air yr ydw i wedi ei glwad. Fel petai o'n esgid fawr yn sathru ar y geiria erill i'w distewi nhw.

Mae'n rhaid 'i bod hi wedi gweld cysgod y gair yn lledu ar draws 'y ngwynab i.

'Cansar,' medda hi'n ddigon ffwrbwt, 'Twt lol,' mae hi'n 'i ychwanegu i danlinellu'r ffwrbwtrwydd fel petai hi mond wedi deud: 'Dwi'n meddwl cadw ieir.'

Dwi'n bagio rywfaint bach am yn ôl yn grediniol fod bwrdd solat tu cefn i mi a gollwng cledrau fy nwy law i lawr ar ei ymyl o, a dwi'n teimlo'n hun yn disgyn trwy'r pren.

'Coda dy din o'r llawr 'na,' glwai hi'n deud o ryw bellter, 'mi fydd y tacsi yma 'chydig wedi ganol dydd.'

'Tacsi,' dwi'n ail-adrodd gair sydd yr eiliad hon yn air dieithr i mi ac na wn i mo'i ystyr o.

'Mi rwyt ti siawns yn cofio,' mae hi'n 'i ddeud, ''n bod ni'n mynd allan am ginio i ddathlu.'

'Dathlu,' dwi'n ail-ddeud y gair arall hollol ddiarth.

Trwy niwl rhyw eiriau o hirbell, hi bellach yn ei chôt, sŵn car yn bipian o'r lôn drol, mae hi wedi dynesu ata i – dwi ar 'y nhraed. Sut? Ei dwy law ar fy 'sgwyddau i, a minna'n clwad fy hun, fel petawn i'n rhywun arall yn gwrando arna fi'n hun, a ma'r rhywun arall 'ma'n deud wrthi hi: 'Dudwch wrtha i nad ydyo 'n wir.'

A bipian drachefn y tacsi fel rhyw ddesgant a hitha': 'Mi fydd o'n sydyn ac yn ddiboen. Mae nhw wedi addo.' A finna'n ysgwyd fy mhen fel petawn i'n cytuno i rywbeth yr ydw i wedi ei addo iddi hi, a hitha: 'Dyna hwnna wedi'i setlo. 'Rŵan tyd,' a bipian y tacsi'n ddifynadd.

'Tric yfad,' mae Rachel yn ei ddeud wrtha i yn Nysien, y lle da ni yno fo rŵan, yn dathlu yn ei hôl hi, ei llais hi y tipyn lleia'n floesg, yn troelli'r gwydr yn ei llaw, lliw y gwin a lliw 'i lupstic hi'n matjo, a'r penderfyniad wedi ei 'neud 'n bod ni isho llai o fwyd a mwy, lot mwy, o alcohol, felly 'da ni'n rhannu cregyn gleision a bara garlleg, 'ydy ca'l dy hun mor agos at y llestri ag y medri di. A chadw dy hun yn fa'no heb fynd dros 'u penna nhw.'

'Pa mor bell yda ni o'r llestri rŵan?' dwi'n 'i holi a'r geiria'n dechra twchu yn 'y ngheg i.

'Crash!' mae Rachel yn 'i ddeud naill ai'n ddamweiniol neu'n fwriadol yn taro sosar i'r llawr a honno'n deilchion rŵan.

A 'da ni'n chwerthin. Efallai'n ormodol. Efallai'n rhy uchel. Oherwydd mae'r 'stafell am 'chydig, y mymryn lleia', yn dawel, a mae 'na ddyn bach o dana ni rŵan yn brwsho darnau'r sosar i raw fach a deud, 'don't iw wyri abowt ut,' a ma Rachel yn deud, 'wi wont,' nes peri i ni chwerthin fwy-fwy.

'Deufis dim mwy,' medda Rachel yn glanna'.

Dw inna'n methu stopio chwerthin, f'ysgwydda i'n crynu, Rachel yn dal 'n llaw i oherwydd mod i'n crio gymaint. A mae trio cnoi un o'r ffycin mysyls 'ma fel trio cnoi peipan rybyr. A dwi meddwl fod 'na ryw foi 'di gofyn: 'Do you know the Conway mussels?' A mod inna 'di atab: 'No. Wîf nefyr bin introdiwsd.' 'A dw inna'n addo iddi hi mod i wedi cytuno. Neu gytuno mod i wedi addo. Be ffwc wn i.

Dwi'n siŵr ma'r un boi tacsi ydy o, yr un boi tacsi ydy o, a mae o'n deud: 'Da chi'ch dwy'n hamyrd erbyn rŵan,' a dwi'n ca'l 'y ngollwng o flaen tŷ mam oherwydd mod i'n mynnu, oherwydd mod i isio nôl un neu ddau o betha', 'un neu ddau o betha', Rachel, ffycin hel,' a mae Rachel yn mynd yr holl ffor' nôl i Tŷ Coch, a 'paid â bod yn hir,' mae hi'n 'i ddeud, a 'fydda i ddim,' dwi'n 'i ddeud yn ôl, a mae'r boi tacsi'n ysgwyd 'i ben ac yn chwerthin a 'chdi di'r cont, mêt,' dwi'n 'i ddeud wrtho fo.

Ond dwn i ddim be' ydy'r un neu ddau o betha dwi isho felly dwi'n sbio ar mam drw' ffenasd, a mae hi, arglwydd mawr yndy wir dduw, mewn bicini fel tasa hi'n ca'l dymi ryn ar gyfar yr Ailand of Cos, a mae Huw yna hefyd, tasa well i mi ddeud Huwcyn bellach, sy' wedi ngweld i, ond tydy mam ddim, ond mae Huwcyn wedi, a gan ddal i edrach arna i yn edrach arnyn nhw, mae o'n llithro 'i law yn ara bach i lawr dros 'i hysgwydd hi ac i mewn i ddefnydd 'i bra hi, a mae o'n dal i sbio arna i, a symud 'i law i gwpanu 'i bron hi, a mae o'n wincio arna i. Ag yn sydyn mae 'na byls o oleuni'n hitio'r ffenasd nes gneud i'r ffenasd edrach fel siâp bar o sebon, fel Lux mam y mae hi newydd ei osod ar wynder-newydd-ei-llnau sinc y bathrwm, a mae hynny dwi'n dalld fel padloc ar betha', ar fyd mam a Huwcyn. A dwi'n troi ar 'n swdwl, ora gall rhywun ar adega fel hyn droi ar 'i swdwl, rhyw gylch go eang tasa rhywun yn sbio arna i, 'y mraich i am allan ar ańgl i drïo helpu, ac yn penderfynu drwy'r caddug y mae mrên i yn trïo mynd trwyddo fo, a rhywun yn deud: 'Cywilydd!' nes ca'l 'n hun o flaen drws ffrynt Mair Eluned a 'Duwadd,' medda hi wedi agor y drws yn gwbod yn iawn, a finna: 'Ydy'r gwnidog wedi mynd?' a hitha: 'Cer i fyny. Ail ddrws ar y dde.' Dwi'n dringo'r grisia, 'y mreichia fi'n bâr ecstra o goesa'.

•

A dwi'n deffro. A mae'r gola' yn y 'stafell wely, oherwydd 'y mod i rhwng cwsg ac effro, yn gneud i mi feddwl am gandifflos yn cael ei chwythu'n eda o'r peiriant gloyw i'r ffon bren, a dwi'n llithro'n llaw i'r ochor arall ond tydy Rachel ddim yna. A mae lle buodd hi wedi oeri. Mae'n debyg mai'r foment honno, moment y gwely oer, y dois i i wybod, wrth edrych yn ôl a chysidro. Ond rŵan yn y foment, heb wybod dim byd, ond efallai amgyffred rhywbeth o hirbell, os hynny hefyd, dwi'n neidio o ngwely, 'sgubo'r cyrtans o'r neilltu, a fa'no mae hi, mi gwela i hi, yn yr afon, Rachel.

Mae hi'n anodd cofio pob dim am yr ychydig funudau rheiny y bore hwnnw. Ond mi rydw i wedi 'sgubo'r cyrtans o'r neilltu. Mi wn i hynny. A mae Rachel yn 'y ngweld i. Fel petai hi wedi bod yn edrach i gyfeiriad y ffenasd a'r llenni ynghau ers sbelan. Yn bendifaddau mae ei hedrychiad hi'n deud: Rŵan ydy dy gyfla di. Rŵan.

A dw inna rŵan yn yr afon. Hyd 'y mhenglinia. Dwi'n trïo darllan be' mae 'i hedrychiad hi'n 'i ddeud wrtha i. Ond cyn mi glwad y geiria yn 'y mhen mae hi ar 'i hyd yn y dŵr. Mae hi dan y dŵr.

Be' rydw i yn 'i gofio ydy agor y cyrtans yn hamddenol, fel mae rhywun, a mi nesh i rwbath debyg i dybl têc, oherwydd be' welwn i oedd Rachel yn yr afon – hyd ei chlunia oeddwn i'n 'i feddwl o'r lle 'ron i'n edrach. A'r peth nesa dwi'n 'i gofio, mi ddigwyddodd pethau mor ffasd, oedd mod inna yn y dŵr hefyd. Ond doedd 'na ddim Rachel.

Gwna fo'n sydyn ac yn ddiboen. Mi rwyt ti wedi addo. Dyna glwish i. A mod i wedi cytuno. A naill ai mod i'n gwthio'i gwynab hi i'r dŵr, o dan y dŵr.

Colli'i balans nath hi. A chael ei chario gan y lli'. A finna'n dyrnu'r dŵr a straffaglio drwyddo fo a gweiddi.

Dwi wedi holi'r cwestiwn yna drosodd a throsodd.

Mi oedd 'i dwy law hi'n dynn am 'y mraich i yn trio tynnu 'i hun i'r wynab. A'i gwinadd hi. Fel petai mraich i'n rhaff.

Mi ron i erbyn hynny'n gweiddi mwrdwr.

Pleser. Pleser pur. Dyna oedd y teimlad.

Y sgriffiadau hyd 'y mraich i? Oherwydd yr ymbalfalu yn y dŵr mae'n siŵr. Ystolion o sgriffiadau.

A'r swigod aer fel bybl rap yn cuddio'i gwynab hi.

Y llonyddwch. Dyna dwi'n 'i gofio fwya'. Y llonyddwch. Mawr. Mawr.

A'i dwy lygad hi'n gwbwl effro o'r dŵr yn sbio arna i. Y llgada llydan ar agor. Yn glaerwyn fel gwynder madarch Pepco newydd eu hollti. Iesu, mi oedd y cymariaethau'n dŵad yn thic an ffasd.

A mi dynnis fy llaw.

Wrth droi i ddŵad allan o'r dŵr, neu wrth ddŵad allan o'r dŵr, fedra i 'm cofio p'run, dwi'n gweld Myrr Alaw yn sbio arna i a mae hi'n codi un bys i'w gwefusau.

'Fyddwch chi'n iawn 'ch hun?' mae'r plisman yn 'i holi, corff

Rachel wedi mynd yn yr ambiwlans dwi'n cymryd, 'da chi wedi ca'l dipyn o sgeg y'chi.'

'Fyddwn ni'n iawn 'n dwy byddwn?' dwi'n 'i atab o drwy holi Myrr Alaw.

Yr un un plisman fydd yn deud 'mhen 'chydig ddyddia: 'Cansar? Pa gansar?' a finna wedi gofyn iddo fo, 'Be' am y cansar?' 'Tasa cansar ar Mrs Rigby,' mae o'n 'i ddeud, 'mi fasa hynny'n sicir o fod wedi dangos 'i hun yn yr otopsi. Boddi. Sumpl ffacd. Dulibret neu acsidental. Mi nuthoch 'ch gora'.' Dw inna o'i flaen o'n glanna' chwerthin. 'Rachel,' dwi'n 'i ddeud, 'n llaw i ar 'i ysgwydd o, 'O! Rachel.'

Finna hefyd o'r dŵr yn codi un bys i'w roi o'n dyner ar draws fy ngwefusa' i gyfeiriad Myrr Alaw.

●

Y Diwedd

Pesychiad o du'r yndyrtecyr.

Ciw i mi ydy hynny?

Dwi'n codi a mynd at yr astell ddarllen.

Mae Myrr Alaw yn mynnu dŵad hefo fi.

'Mond ni'n dwy felly.

Mae'r yndyrtecyr a'i saidcics yn y rhes gefn fel rhes o frain ar weiran letrig. Yn eu du fel 'tae nhw'n gysgodion yn erbyn y wal o ryw rai erill mwy sylweddol. Maen nhw i gyd yn cnoi tjiwing gym yn ddi-baid.

Does na neb arall yma ond ni. Dwi'n teimlo'r gair 'neb' yn 'y ngheg.

Yr yndytecyr yn nodio'i ben arna i.

'Wel,' dwi'n 'i ddeud yn rhy uchel a mae'r gair yn drymbowdian hyd bob man yn bêl wyllt o sŵn. Digon i ddychryn rhywun. Dwi'n teimlo llaw Myrr Alaw yn tynhau am 'n llaw i.

'Wel,' dwi'n 'i ddeud yn ddistawach, a dyna welliant a'r adlais yn feddalach, 'Rachel ei hun 'sgwennodd hwn, fel bydda hi'n sgwennu 'i meddylia yn 'i llyfr nodiadau a'u croesi nhw allan wedyn yn amlach na heb. Ond tydy hi ddim wedi croesi hwn allan, felly ma' raid fo' 'na rwbath amdano fo sy'n wir falla. Yn wir iddi hi, beth bynnag. Felly dyma fo:

Sylweddolais fod yna dolc yn y cosmos. Fel y pant a edy blaen bys o'i wthio i groen swigen. Fod y cyfuniadau a'r plethiadau yma o gemegau a theimladau, o brofiadau a lleoliadau, egnïon ac amseroedd y medrid eu canfod ym mhawb a fu byw erioed, ond a roddwyd wrth ei gilydd yn y fath fodd i greu 'fi' a neb arall, nes bod yn yr hyn sydd yn gyffredinol y posibilrwydd parhaus i greu nid 'pawb' ond arwahanrwydd unigolion unigryw. Wrth i farwolaeth – ac onid bywyd yn rhedeg allan o wres a felly o egni yw marwolaeth fel pêl o'i gwthio yn dyfod i stop yn hwyr neu'n hwyrach, dim mwy na hynny, dim Brenin Braw? Wrth i farwolaeth ddadelfennu'r unigrywedd unigol yma yn ôl i'r cemegol oesol a chyffredinol, teimlir y tolc yn y cosmos, fel petai'r cyfan amhersonol yn cydnabod rhywsut ddifancoll y personol byrhoedlog, a'i gydnabod fel colled anferthol sy'n andwyo defnydd y cosmos ei hun. Nad taith un ffordd ohonom ni i'r bydysawd yw hi, ond taith am yn ôl hefyd o'r bydysawd atom ni. A bod rhywsut gyd-alaru'n digwydd. Fod y cosmos o un ongl yn ddi-hid. Ond o ongl arall yn malio. Mae yna o hyd ongl arall i bob dim. Ongl arall i bob un ohonom.

Mae hyn biónd yr yndyrtecyr a'i griw dwi'n sylweddoli. Mae gin i fwy o beijis a sgrubyls o mhen a mhastwn i'n hun. Ond i be'? Neith 'i pheth hi'n iawn. Dwi'n edrach ar Myrr Alaw. Tydy hi ddim wedi tynnu 'i llgada oddi arna i.

'Hi ddangosodd i mi yr ongl arall i bethau,' dwi'n penderfynu ei ychwanegu.

A dyna fo.

Dwi'n edrach ar yr yndyrtecyr a nodio. Ma' fynta'n codi. Fo a'i fêts.

'Ty'd,' dwi'n 'i ddeud wrth Myrr Alaw.

Wrth i'r ddwy ddod allan i'r awyr iach, haul annisgwyl yn eu haros, aeth y BMW gwyrdd heibio yn araf yn ddiarwybod iddynt.

'Nest ti fanijo?' meddai'r soshalwyrcyr wrth Myrr Alaw ac yn gwyro am i lawr.

'Do shwr,' ebe hi, 'ddaru mi do, Egwyl?'

Ac Egwyl bellach ar ei phen ei hun ac yn barod i fynd i gyfeiriad y moto beic cacwn, meddai yr yndyrtecyr o'r tu ôl iddi, gan sibrwd i'w chlust, ei afftyrshef yn ei hamgylchynu: 'Ti'n gneud rwbath heno?'

Heb droi i edrych arno, meddai hi yn hollol hamddenol: 'Sdibe? Dwi 'di rhoi'r gora i agor 'y nghoesa i ddynion.'

'Iff iw dont asg iw dont get de,' meddai yntau mewn dihidrwydd, 'gyda llaw, ma'r bil 'di dalu. Odda chdi'n holi. Odda chdi'n holi? Odda nhw'n uffernol o jenyrys. A dwi 'di ca'l yr instrycshyns be' i neud hefo'r llwch.'

Tydw i ddim isho gwbod, felly tydw i ddim yn holi.

Mae ogla'r afftyrshef yn pylu o nghwmpas i.

Mi glywa i ddrws yr amlosgfa'n cau'n feddal.

O sêt y pasinjyr mae Myrr Alaw yn codi ei bys i'w gwefusa' arna i. Dw inna'n gneud yr un arwydd yn ôl arni hitha. Rwbath y byddwn ni'n dwy yn 'i neud i'n gilydd tra byddwn ni mwn.

Wrth droi'r ignishyn i danio'r moto beic cacwn dwi'n cofio enw'r ffilm; a'r ymgymerwr a'i ddynion yn cael panad a jôc yn y rŵm gefn – mi gwelis i nhw drwy'r ffenasd.

●

Efallai

Yn nhrymder un nos yn ddiarwybod i neb cariwyd popeth o'r Tŷ Coch i gerbydau a oedd yn aros amdanynt.

Cerddodd y dyn o gwmpas y tŷ gwag, ei fflachlamp ynghyn, ei law yn hanner huddo ei thu blaen er mwyn pylu'r goleuni; ond gallai weld digon fel y medrai fodloni ei hun fod gwag yn golygu gwag. Edrychodd yn hir i'r ystafell wely.

Wedi iddo gyrraedd y drws allan agored diffoddodd y fflachlamp. Oddi ar lawr cododd botel, un o ddwy yr oedd wedi eu gadael yno'n gynharach. Trôdd y botel wyneb i waered ddwywaith, dair, ac o'i boced tynnodd y taniwr sigarennau a oedd wedi ei fenthyca oddi wrth y wraig, ei danio a chynnau'r rhacsyn a oedd yn hongian yn llipa – a bellach wedi ei socian mewn petrol – o geg y botel. Llamodd fflam egnïol i fodolaeth. Taflodd yntau'r botel i grombil y tŷ nes creu o'i malu ar y llawr lyn o dân. Gwnaeth yr un peth â'r botel arall, ond ceisio ei thaflu i'r ystafell wely y tro hwn, methu, ond nid oedd otj. Ffrwydrodd bron wrth ymyl y llall. Teimlodd wrid mawr ar ei wyneb.

Aeth yn ei ôl i'r car.

'Done,' meddai, 'one or two things gone walkies. But what the hell.'

'Sure?' holodd ei wraig.

'Sure,' ebe ef.

Symudodd y cerbydau'n araf yn eu blaenau heb eu goleuadau nes cyrraedd y lôn, ac o'r lôn i'r ffordd fawr. Wedi ychydig o filltiroedd byddant yn mynd i wahanol gyfeiriadau cyn dyfod at ei gilydd eto yn hwyr neu'n hwyrach mewn un man penodol yn barod ar gyfer codi'r sioe yn rhywle arall maes o law.

Yr oedd Tŷ Coch yn wenfflam, eirias bellach. Trwy'r fflamau gellid gweld ei do'n sigo am i mewn, a'i ochrau'n gwyro'n raddol i'w gilydd, cyn i'r cwbl ddisgyn yn llwyr ond yn araf i'r llawr yn heth o sbarcs.

Goleuwyd holl wyneb yr afon – y dŵr yn chwim mewn mannau, yn loetran mewn mannau eraill – gan batrymau aflonydd aml-liwiau'r fflamau: porffor-mewn-coch-mewn-glas-mewn-melyn-mewn-piws-mewn-oren.

Medrid taeru nad afon oedd yna ond gwawr yn torri yn nhrymder y nos mewn cyfnod ansefydlog, din-dros-ben a phopeth o chwith.

Yr un un noson ar ei heistedd ar ei gwely y mae Egwyl yn edrych ar lun o Rachel y mae hi wedi ei roi mewn ffrâm a'i osod ar y cwpwrdd-erchwyn-gwely, bysedd ei llaw chwith yn cerdded yn ysgafn o un Krugerrand i'r llall ar hyd y lôn droellog, hir ohonynt y mae hi wedi ei threfnu'n daith ar y cwilt ... gan ddyfalu ... gan amau ... gan wybod.

O blith yr anifeiliaid bychan o ifori sydd wedi eu gwasgaru o'i chwmpas, ond yn ofalus ac â rhyw dynerwch mawr, y mae Myrr Alaw heno yn dewis jiraff, gan edrych ac edrych arno hyd nes y mae hi'n berffaith sicr, yn gwybod yn iawn, wedyn cau ei llygaid ac â'r bensel yn ei llaw ar y papur claerwyn ei ddroinio i fodolaeth ... a'i ryddhau a'i ollwng ar gortynau ei hewyllys a'i dychymyg i grwydro fel y mynn heolydd pentref bychan Cymraeg i sbecian drwy'r ffenestri mudion ar y meirwon yn eu anheddau.

Nofel arall gan Aled Jones Williams

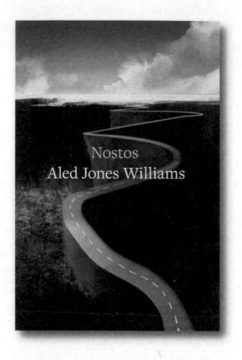

Ystyr 'nostos', gair Groegaidd, yw cerdd sy'n
disgrifio taith un yn dychwelyd adref.
Hyn yw craidd *Nostos*, gwraig yn dychwelyd i'w
hen dref wedi blynyddoedd o absenoldeb
ac ar ôl iddi golli ei mab.
Taith o hunan-ddarganfod yw hi.

www.carreg-gwalch.cymru